50 Tipps für eine wirkungsvolle Zielgruppenansprache

Robert Henrik Gärtner

50 Tipps für eine wirkungsvolle Zielgruppenansprache

Erfolgreich mit Funktioneller Werbung

2., überarbeitete Auflage

Robert Henrik Gärtner
Berlin
Deutschland

ISBN 978-3-658-21366-4   ISBN 978-3-658-21367-1   (eBook)
https://doi.org/10.1007/978-3-658-21367-1

Die Deutsche Nationalbibliothek verzeichnet diese Publikation in der Deutschen Nationalbibliografie; detaillierte bibliografische Daten sind im Internet über http://dnb.d-nb.de abrufbar.

Springer Gabler
Die 1. Auflage erschien unter dem Titel „Funktionelle Werbung – 50 Prinzipien zur Lösung erfolgskritischer Werbeprobleme"
© Springer Fachmedien Wiesbaden GmbH, ein Teil von Springer Nature 2014, 2018
Das Werk einschließlich aller seiner Teile ist urheberrechtlich geschützt. Jede Verwertung, die nicht ausdrücklich vom Urheberrechtsgesetz zugelassen ist, bedarf der vorherigen Zustimmung des Verlags. Das gilt insbesondere für Vervielfältigungen, Bearbeitungen, Übersetzungen, Mikroverfilmungen und die Einspeicherung und Verarbeitung in elektronischen Systemen.
Die Wiedergabe von Gebrauchsnamen, Handelsnamen, Warenbezeichnungen usw. in diesem Werk berechtigt auch ohne besondere Kennzeichnung nicht zu der Annahme, dass solche Namen im Sinne der Warenzeichen- und Markenschutz-Gesetzgebung als frei zu betrachten wären und daher von jedermann benutzt werden dürften.
Der Verlag, die Autoren und die Herausgeber gehen davon aus, dass die Angaben und Informationen in diesem Werk zum Zeitpunkt der Veröffentlichung vollständig und korrekt sind. Weder der Verlag, noch die Autoren oder die Herausgeber übernehmen, ausdrücklich oder implizit, Gewähr für den Inhalt des Werkes, etwaige Fehler oder Äußerungen. Der Verlag bleibt im Hinblick auf geografische Zuordnungen und Gebietsbezeichnungen in veröffentlichten Karten und Institutionsadressen neutral.

Gedruckt auf säurefreiem und chlorfrei gebleichtem Papier

Springer Gabler ist ein Imprint der eingetragenen Gesellschaft Springer Fachmedien Wiesbaden GmbH und ist ein Teil von Springer Nature
Die Anschrift der Gesellschaft ist: Abraham-Lincoln-Str. 46, 65189 Wiesbaden, Germany

Vorwort

Liebe Leserinnen und Leser,

anwerben, abwerben, bewerben, erwerben, umwerben: Unser Leben ist ein einziges Gewerbe. Was auch immer Sie im Leben erreicht haben, wen auch immer Sie für sich gewonnen haben und was auch immer Sie zukünftig bewirken – immer ist Werbung im Spiel. Privat und in der Wirtschaft. Sie lesen dieses Buch also mit doppeltem Gewinn. Für Ihr Unternehmen oder Ihre Unternehmung und für sich selbst! Im Folgenden gegebene Lösungsansätze beziehen sich auf die Unternehmenswerbung, lassen sich mit dem gleichen Gewinn aber auch auf die interpersonelle Interaktion übertragen.

Wenn Sie in einem Unternehmen arbeiten, dort sogar für Werbebudgets verantwortlich sind und sich regelmäßig fragen, ob Sie alles richtig machen, dann sollten Sie sich jetzt nochmal folgende grundlegenden Fragen stellen:

1. Soll Ihre Werbung Aufmerksamkeit erregen?
2. Soll Ihre Werbung verkaufen und den Absatz fördern?
3. Soll Ihre Werbung ein Produkt/eine Dienstleistung/ein Unternehmen vorstellen?

Vermutlich bejahen Sie diese Fragen, aber gleichzeitig beschleicht Sie das sichere Gefühl, dass Ihnen das nicht immer optimal gelingt. Das könnte daran liegen, dass Ihre Werbung zum einen weit unter ihrer möglichen Leistung arbeitet und zum anderen weit über den nötigen Kosten liegt. Die Streuverluste sind erheblich höher, als sie sein müssten, und die Response ist erheblich niedriger, als sie sein könnte. Zudem liegen der Ertragswert und der operative Gewinn weit unter Ihrem gewünschten Optimum!

Bevor Sie aber nun Ihre gesamten Werbemaßnahmen oder gar Ihr Unternehmen in Frage stellen sollten Sie sich nochmal grundlegend über Ihre Werbung

Gedanken machen und darüber, was für Sie die „richtige" Werbung sein kann: Eine Werbung, die alle erfolgskritischen Probleme eliminiert und durch die richtige Strategie und Umsetzung allen Beteiligten – den Verbrauchern, den Unternehmen und den Agenturen – Gewinn und Zukunftssicherheit bringt.

Verbraucher stehen Werbung im Allgemeinen heute sehr ablehnend gegenüber. Allein in meinem engsten Familienkreis gibt es schon zwei Mitglieder, die sagen, dass Werbung sie aggressiv mache. Diese Aussage teilen vermutlich mehr Menschen, als Sie für möglich halten, denn Sie werden sie in repräsentativen Umfragen, Meinungsforschungen oder Kundenerhebungen nicht wiederfinden. Die Aggressivität durch und gegen Werbung spielt sich im Privaten ab und mobilisiert einen Widerstand, der Unternehmen sehr viel Geld und Agenturen sehr viel Ansehen kostet.

Ein radikales Neudenken des Werbens ist erforderlich, wenn dieser Trend erfolgreich gestoppt werden soll. Vor diesem Hintergrund werden Sie in diesem Buch immer wieder auf den Begriff „Funktionelle Werbung" treffen. Funktionelle Werbung zeigt Ihnen, wie die durch die bisherige Werbepraxis ausgelösten oder ungelösten Probleme beseitigt werden können. Dies ist für Unternehmen wie Agenturen gleichermaßen von wirtschaftlicher Bedeutung. Aber auch Medienanbieter wie Fernsehsender und Zeitungsverlage profitieren von meinem neuen Ansatz, da durch die höhere Werbewirkung die Attraktivität der Werbeplätze steigt und somit Existenz und Wachstum besser gesichert werden können. Philosophisch ist die Funktionelle Werbung von der Rationalität Spinozas und der Logik Gottlob Freges inspiriert, praktisch beeinflusst ist sie von der Textlinguistik Brinkers und der Topik Aristoteles'.

Häufiger wird im Text der Begriff der *Entität* genannt werden, er bezeichnet in der Philosophie das Seiende, also alles, was ist. Meiner Verwendung nach muss eine Entität wenigstens eine von vier Eigenschaften aufweisen: Sie muss materiell, immateriell, erfahrbar oder denkbar sein. *Werbung* verstehe ich als das Mittel des Austausches, der Vermittlung von Werten zwischen Menschen mit der Intention des Gründens und Unterhaltens erfolgreicher Beziehungen. Der Begriff *funktionell* bezieht sich auf die Leistungs- und Wirkungskraft dieses Austausches.

> ▶ Funktionelle Werbung ist also die anerkennende Vermittlung verlässlicher Werte im Hinblick auf eine dauerhafte, auf positiven Gewinn ausgerichtete Verbindung.

Auf reale Beispiele werde ich in diesem Buch weitgehend, bis auf wenige Ausnahmen, verzichten. Zum einen, weil ich niemandes Arbeit auf- oder abwerten will, zum anderen, weil Fachbücher zum eigenständigen Weiterdenken anregen sollen und nicht der gedankenlosen Nachahmung dienen. In diesem Sinne ist dieses Buch ein Werk des Mit- und Weiterdenkens; ein Leitfaden, der Sie inspirieren soll, von Grund auf neu zu denken und Ihre Werbestrategie zu überdenken.

Ähnlich der Digitalis-Pflanze, des Fingerhutes, kann Werbung heilvolle Medizin sein – oder tödliches Gift. Es ist, wie alles im Leben, eine Frage der Dosis und der Rezeptur. Zur richtigen Anwendung des brisanten Stoffes „Werbung" dienen die folgenden Kapitel.

Die vorliegende zweite Auflage wurde überarbeitet und um relevante Praxistipps ergänzt, um damit die Praxistauglichkeit noch zu steigern. Danken möchte ich dem Springer-Verlag für das entgegengebrachte Vertrauen und besonders Frau Imke Sander für ihre inspirierenden Anregungen und die hervorragende Begleitung während meiner Arbeit am Manuskript.

Berlin Robert Henrik Gärtner
Januar 2018

Inhaltsverzeichnis

1	Problemlösend statt problemauslösend..................	1
2	180°-Wende statt 360°-Werbung........................	5
3	„Werben" statt „Werbung machen".....................	9
4	Sinn statt Unterhaltung...............................	13
5	Anerkennung statt Aufmerksamkeit.....................	17
6	Gewinn statt Absatz..................................	23
7	Personen- statt Produktfokussierung....................	29
8	Vollständig schildern statt selektiv informieren............	33
9	Konjunktiv statt Imperativ............................	39
10	Universalwirkung statt Segmentwirkung.................	43
11	Entscheidungshoheit respektieren statt Entscheidungsgewalt übernehmen...	49
12	Empathischer Intellekt statt kreatives Entertainment.......	53
13	Umfeldfokussierung statt Egozentrik....................	59
14	Dreidimensionalität statt Eindimensionalität..............	63
15	Objektivität statt Kreativität...........................	69
16	„Ihr Nutzen" statt „Unsere Stärken"....................	75
17	Big Cogitation statt Big Data..........................	79

18	Experimentell statt theoretisch	85
19	Organisch statt kristallin	89
20	Bewahrung eigener und fremder Stärken statt Vernichtung des Feindes	93
21	Entwicklung statt Planung	95
22	Prozesspotenzial statt Zielvorgaben	97
23	Auf dem Weg wirken statt erst im Ziel	99
24	Außen- und Innenwirkung statt Außenwirkung	101
25	Starke, anhaltende emotionale Disposition statt schwacher, flüchtiger emotionaler Episode	105
26	Identische Werbung statt identischer Produkte	109
27	Situative Nutzenmaximierung statt linearer Zielerreichung	113
28	Dezent, sympathisch, höflich statt markant, aufdringlich, pompös	117
29	Diskussion statt Dialog (Argument statt Meinung)	121
30	Verlässlichkeit und Gewissheit statt Vertrauen und Vertrautheit	125
31	Kompetenz und Erfahrung statt Leidenschaft und Begeisterung	127
32	Identität statt Image	129
33	Kundenempfang statt Kundenfang	133
34	Kundenverbindung statt Kundenbindung	137
35	Verbraucherverständnis: skeptische Investoren statt bockige Kinder	143
36	Kundendienst statt Marktbearbeitung	147
37	Bedeutung statt Einfachheit	151
38	Konzentration statt Multi-Channeling	155
39	Sinn stiften statt motivieren	157

40	Risikominimierung statt Risikofreude	161
41	Wertesprache statt Werbesprache	163
42	Reizentlastung statt Reizüberflutung	169
43	Intensität statt Reichweite	171
44	Marken machen lassen statt Marken kaufen lassen	173
45	Natürlich statt künstlich	175
46	„Goldener Kern" statt Überhöhung	177
47	Markterneuerung statt Marktsättigung	179
48	Vermittlungsanspruch statt Verkaufsanspruch	181
49	Subtile Signale statt Botschafts-Bombardement	183
50	Hochpreis-Strategie statt Niedrigpreis-Strategie	185

Anhang 189

Problemlösend statt problemauslösend 1

Das größte Problem der Werbung ist die Werbung selbst. Und die Tatsache, dass sie in zu vielen Fällen vom Wesentlichen ablenkt. In ihrem Buch „Trojanisches Marketing 2" legen Anwanger und Engel (2013) den Schluss nahe, Werbung müsse wie Zauberei sein, und ergänzen die trojanischen Beispiele durch Tricks aus der Kiste der Partyzauberei.

Hier ist energisch einzugreifen, liegt hierin doch eines der größten Missverständnisse. Werbung ist keine Zauberei und sollte sich ihrer auch nicht bedienen. Das Wesen der Zauberei ist es, das Publikum vom eigentlichen Vorgang – dem Trick – abzulenken und die Aufmerksamkeit auf unwesentliche, aber pompöse und glamouröse Nebensächlichkeiten zu lenken.

Immer häufiger sollen spektakuläre Zusatzeffekte das Interesse des Publikums gewinnen und den Kampf um Aufmerksamkeit für sich entscheiden. Ständig werden neue Entwicklungen in das Konzept mit eingebaut, um die Spirale der Andersartigkeit und Sensation weiter zu überdrehen. Immer mehr Kanäle werden geöffnet, um dem Publikum überall zu begegnen und es zum Kauf zu überreden oder – schlimmer noch – zu überlisten.

Jede Werbeagentur wird versuchen, den Auftraggebern neue, revolutionäre Methoden, Medien oder Techniken zu verkaufen, die einen kleinen, kurzen Vorsprung vor dem Wettbewerb bieten, bis dieser Vorsprung mannigfach kopiert und alltäglich geworden ist, womit der Verkauf neuer Techniken gerechtfertigt wird. Die Spirale muss enden.

„Störer", „Kunden-Stopper" und „Unterbrecherwerbung", „trojanisches", „virales" und „limbisches" Marketing; schon die Begriffe, die das Fach für seine Aktivitäten wählt, zeigen, dass man sich der aggressiven Wirkung deutlich bewusst ist und den Widerstand des Publikums provoziert, lange bevor eine Botschaft überhaupt erdacht oder gar formuliert ist. Wolf Lotter schreibt in seinem bemerkenswerten Artikel: „Die meisten Leute sind sich ziemlich sicher, dass die Werbung mit jedem erdenklichen Psychotrick arbeite, um uns etwas zu verkaufen, das wir weder wollen, noch brauchen" (Lotter 2014, S. 41). Werbung gilt längst als verdächtige Informationsquelle.

Die Werbung steht sich selbst im Weg und muss sich ernsthaft hinterfragen. Es hilft nicht, dem Kind einen neuen Namen zu geben und das Verhalten zu belassen. Werbung ist auch dann noch ineffizient und ineffektiv, wenn sie Markt-, Wirtschafts- oder Marketingkommunikation heißt. Der Name kann bleiben, das Wesen muss sich ändern.

Dazu sind Unternehmen wie Agenturen angehalten, sich auf das eigentliche Leistungspotenzial von Werbung zu besinnen: das Problemlösen! Dazu ist ein Erkennen der Probleme Voraussetzung. Lotter bedient sich in seinem Artikel einer Metapher aus der Medizin und schreibt: „Die Erbkrankheit der Werbung ist die Manipulation" (Lotter 2014, S. 39). Hier widerspreche ich. Nicht die Manipulation ist das Problem, sie ist vielen Kommunikationsprozessen eigen und ruft nur selten erfolgskritischen Schaden hervor. Als Erbkrankheit der Werbung, um in Lotters Bild zu bleiben, benenne ich die Penetranz und die Überhöhung! Was Lotter nicht berücksichtigt, ist, dass jeder Erbkrankheit genetische Defekte zugrunde liegen, deren Korrektur die Erbkrankheiten mit all ihren Symptomen verschwinden ließe. Für die rezente Werbepraxis sind dies der *Verkaufsanspruch* und die *Aufmerksamkeits-Rascherei*. Diese Gendefekte werde ich in einem eigenen Kapitel mit dem entsprechenden Behandlungsansatz diskutieren.

Schließlich komme ich auf die Symptome zu sprechen, die diese Erbkrankheiten mit sich bringen: zum einen die subjektiven, unter denen jene leiden, die unmittelbar mit Werbung in Kontakt sind: Empfänger, Unternehmen und Agenturen.

Für sie stellt sich Werbung als zu viel, zu ineffizient, zu nervig, zu unglaubwürdig, zu unpersönlich, zu normal, zu resistent dar.

Zum anderen die objektiven Symptome, unter denen alle mittelbar Beteiligten leiden, also Mitarbeiter, Lieferanten, Investoren, Gesellschaft, Staat sowie Volks- und Betriebswirtschaft. Diese Symptome können sehr vielschichtig sein und mehr oder weniger offen zutage treten. Zu ihnen gehören: Umsatzschwächen, ungenutztes Ertragspotenzial, Geschäfts-Sterben in den Innenstädten, brachiale Expansion der Online-Giganten, Schwächung des stationären Handels, Beratungsdiebstahl, flache Gewinnmargen, Verdrängungs- und Vernichtungswettbewerb, niedrige Responsewerte, hohe Streuverluste, ausufernde Werbekosten, Preis- und Rabattdruck, Innovationszwang, Wertverfall, Selbstverständlichkeit von Leistungen, Verlust der Alleinstellungsmerkmale, Stellenabbau, innere Kündigung der Mitarbeiter, Motivationstiefs, radikale Kostensenkungs- und Einsparungsprogramme, Kundenabwanderung, Ärger und Belästigung durch Werbung,

1 Problemlösend statt problemauslösend

Werbemüdigkeit, geringe Werbeakzeptanz, Shoppingfrust, Konjunkturflauten und Wirtschaftskrisen. All diese Probleme sind durch falsche Werbung mit ausgelöst oder zumindest nicht aufgelöst worden.

Werbung ist ein Risikoprojekt, ein erfolgskritischer Faktor für Unternehmen und Agenturen, verbunden mit einem hohen reputativen und finanziellen Risiko. Bislang gelingt es der Branche nicht, die Probleme befriedigend zu bereinigen und das Schiff wieder in sichere Gewässer zu manövrieren.

Am einfachsten, schnellsten und kostengünstigsten ist der Ausweg aus den Werbeproblemen dann, wenn die Werbung selber das Mittel zur Problemlösung ist. Und zwar zur Lösung von Verbraucherproblemen und nicht von eigenen. Ein Medium muss wieder Botschafter sein. Dazu tut Verschlankung gut, das Abtragen von zu viel schmückendem Beiwerk, das Verzichten auf Albernheit, Gefühlsseligkeit, stumpfe Übertreibung und Erregung.

Die Bescheidenheit ist der goldene Weg, das Sich-Zurücknehmen, das Voranstellen des Publikums. Eben nicht die Provokation, der Reiz und das dicke Auftragen überzeugen, sondern die Konzentration auf das Gegenüber, der Respekt vor der Privat- und erst recht Intimsphäre. Die Verneigung vor der Hoheit des Publikums, die Dienstbarkeit und die unaufdringliche Präsenz sind gefragt wie nie zuvor.

Ein Problemlöser, der im Hintergrund bleibt, aber da ist, wenn man ihn braucht, ist einer der letzten wirklich begehrten Freunde unserer Zeit und auch dann noch unverzichtbar, wenn die Spaßmacher, Schmeichler und erst recht die Betrüger, Selbstdarsteller und auch die Zauberer längst verbannt worden sind.

Wie man diesen Zustand erreicht, werden die folgenden Kapitel erschließen. Manche beinhalten eine Korrektur fehlerhaften Denkens oder eines falschen Verständnisses. Andere bieten konkrete Handlungsempfehlungen, die das Werben zum akzeptierten und unverzichtbaren Vorgang werden lassen und erfolgskritische Probleme für Verbraucher, Unternehmen und Agenturen zuverlässig und endgültig bereinigen.

Die Mentalität des „mehr vom Selben", der Dosissteigerung, ist mit diesem Buch Vergangenheit. Es beginnt die Ära des „mehr vom Richtigen", der Achtsamkeit und Bedächtigkeit in der Markenführung.

Praxistipp

CommUNIQUEate! Werben Sie nicht, sondern kommunizieren Sie Werte! Wo andere mit Problemen kommen, kommen Sie mit Lösungen. Seien Sie freundlich, sympathisch und unaufdringlich – aber stets präsent!

Literaturangaben und weiterführende Literatur

Anwanger, Roman, und Engel, Wolfgang A. 2013. *Trojanisches Marketing*. Freiburg: Haufe-Lexware.

Lotter, Wolf. 2014. *brand eins Wirtschaftsmagazin*, Heft 02, Hamburg: brand eins Medien AG.

180°-Wende statt 360°-Werbung

Stellen Sie sich vor, sie schellen an einer Türe und betreten eine Cocktailparty. Sie sind die Person, auf die alle Gäste sehnsüchtig gewartet haben, jeder erhofft sich eine Besserung seiner zukünftigen Lage, indem er nur ein paar Worte mit Ihnen wechselt, eine Partnerschaft anstrebt und Sie für seine Ziele gewinnt. Sie sind der wichtigste Gast, die VIP dieses Abends und freuen sich auf ein paar entspannende Stunden nach einem ereignisreichen Tag.

In dieser Situation sind die Verbraucherin und der Verbraucher heute. Der Partyraum ist überfüllt, alle reden auf Sie ein, jeder stürmt auf Sie zu und bedrängt, bequatscht, berührt Sie – und Sie stehen noch im Mantel auf der Türschwelle.

Verständlich, dass Sie sich Freiraum verschaffen. Das Publikum reagiert auf die spontane und dauerhafte Reizüberflutung mit Abwehrmaßnahmen: Während des Werbeblocks wird der Videotext ein- und der Ton ausgeschaltet, auf dem Computer Ad-Blocker installiert und am Briefkasten ein „Keine Werbung!"-Aufkleber angebracht. Die Branche schießt zurück und der Kampf eskaliert.

Der aktuelle Eskalationsstand sind 360°-Agenturen, die Konzepte entwickeln, denen sich ein Mensch nicht mehr entziehen kann, die ein Ausweichen, einen Rückzug unmöglich machen und den Widerstand des Publikums durch schiere Omnipräsenz und äußerste Penetranz mittels multimedialen Sperrfeuers zu brechen hoffen.

Zieht der Mensch sich aus einer Konfrontation zurück und wendet sich ab, wird Werbung dort sein, wo er sich hinwendet. Dreht er sich von dort ebenfalls weg, erwartet ihn die Werbung bereits. Dieses Verhalten würde man bei einem Menschen als „Nachstellen", oder moderner: „Stalking", bezeichnen – und strafrechtlich verfolgen.

Ausgerechnet in der ohnehin schon als unseriös, aufdringlich und unbeliebt geltenden Werbebranche soll dieses Benehmen der Schlüssel zu mehr Akzeptanz, höherem Ansehen und besseren wirtschaftlichen Ergebnissen sein? Ich habe erhebliche Zweifel.

Aber es gibt einen Weg, der zu den oben genannten Zielen führt: der 180°-Wandel.

Für gewöhnlich ist man gut beraten, den Wandel erfolgskritischer und risikoreicher Projekte schonend und fraktioniert zu gestalten und jeden seiner Schritte sorgsam gegen schädigende Einflüsse abzusichern. Das macht Change-Management im Allgemeinen aufwendig, kostspielig und langwierig, aber eben auch sicherer und kontrollierbarer. Für die Werbung empfehle ich die Radikalität aus drei Gründen. Zum Ersten ist ein aus dieser Entschlossenheit entspringender Schaden nicht zu erwarten. Werbung, deren Fehler man weglässt, kann prinzipiell nicht schadhaft sein. Ebenso wenig wie ein Fliegenpilz, dessen Gift man eliminiert, toxisch ist. Zum Zweiten ist Eile geboten, da die wirtschaftlichen Schäden der falschen Werbung für Unternehmen und Agenturen nicht geringer werden, je länger man sie fortsetzt, und zum Dritten, weil Verbraucherinnen und Verbraucher ein Recht darauf haben, vernünftig behandelt und in ihren Bedürfnissen und Vorstellungen respektiert zu werden.

In vielen Fällen sind die erfolgskritischen Fehler der Werbung, also jene, welche einen unmittelbaren Einfluss auf Gewinn und Unternehmenswert haben, so gravierend, dass sich das Heil bereits in der Ausübung des Gegenteils findet. Aus eben jenem Grund muten die Kapitelüberschriften wie eine Gegenteil-Liste an, die es abzuarbeiten gilt. Der 180°-Wandel, wie ich den Lösungsansatz der Werbeprobleme bezeichne, ist durch das konsequente Prinzip der Fehlerkorrektur besonders schnell, kostensparend und einfach umsetzbar und empfiehlt sich für Unternehmen wie Agenturen als das Mittel der Wahl. Oft sind die Unterschiede offensichtlich, manchmal fein und scheinbar unbedeutend. Hier gilt zu bedenken, dass man die Bedeutung eines winzigen Rädchens eines Uhrenkalibers nicht zu verstehen braucht, um zu erkennen, dass das Werk ohne dieses Teil nicht läuft und dass es nicht immer die größten Räder sind, die den größten Effekt bewirken.

Richtiges Empfinden, richtiges Denken, richtige Sprache und richtiges Handeln sollen als Ergebnis der Wende stehen. Ergänzungen der Liste sind sicherlich möglich, wenn der Blick für die Fehlerhaftigkeit heutiger Werbung erstmals geschärft ist, sollten aber mit Bedacht und unter strenger Prüfung vorgenommen werden. Denn es ist auch die Redundanz, die das Fach Werbung so zweifelhaft und wirtschaftlich riskant werden lässt.

Die Kapitel lassen sich chronologisch oder nach individuellem Interessenschwerpunkt lesen, Vorwissen benötigen Sie nicht, auch kein Kapital oder Material, um die Standpunkte und Empfehlungen in Ihrer Werbepraxis einzusetzen. Lediglich Ihr vernünftiges Denken, Ihre gesunde Einstellung und Ihr wacher Geist sind nötig, um die Probleme ein für alle Mal zu eliminieren. Ohne Investition oder Innovation, sondern mit Ihren heutigen Mitarbeitern, Produkten und Bedingungen.

> **Praxistipp**
> Äußern Sie sich öffentlich nur, wenn es etwas zu sagen gibt. Prüfen Sie das vorher genau! Achten Sie peinlich genau auf Ihre Formulierungen. Prüfen Sie diese vorher genau und testen Sie Alternativen. Testen Sie, wie sich Ihre Äußerungen unter verschiedenen Bedingungen anfühlen. Vermeiden Sie negative Gefühlsregungen passiv und aktiv!

Literaturangaben und weiterführende Literatur

brand eins Wirtschaftsmagazin, Schwerpunkt Werbung, brand eins Medien AG, Hamburg. Hrsg. 2014. 2: 35–130

„Werben" statt „Werbung machen" 3

Ich provoziere: Wer Werbung verantwortet, darf sich für Werbung nicht interessieren. Das gilt für Unternehmen wie Agenturen! Bei der Beseitigung von Werbeproblemen einen Ansatz aus der Etymologie herleiten zu wollen, erweist sich als insuffizient. Werben entstammt dem mittelhochdeutschen *Werban* und bedeutet in etwa wirbeln, was wie herumwirbeln oder Staub aufwirbeln klingt und der Sache daher eher abträglich als dienlich sein dürfte. Sinnvoller ist die Entwicklung einer Lösung aus der Funktion, weshalb ich die Empfehlungen für ein problemloses Werbemanagement als „Funktionelle Werbung" bezeichne.

Werbung wird von Gehirnen erdacht und das Gehirn ist ein Beziehungsorgan. Es steht in Beziehung zu sich selbst, dem zugehörigen Körper, zu anderen Gehirnen und deren Körpern sowie zur Umwelt, in der alle miteinander leben. Zwischen all diesen Entitäten gibt es fließenden oder stockenden, stofflichen oder nichtstofflichen Austausch. Hier ist das Werben funktionell anzusiedeln. Es ist ein Prozess, ein Vorgang, um mit anderen Menschen in inhaltsbezogenen Kontakt zu treten, eine Verbindung aufzunehmen, aufzubauen und aufrechtzuerhalten.

▶ Werbung ist, im Gegensatz zum Werben, KEINE eigene Entität!

Heute richtet sich die gesamte Konzentration auf die Werbung als solche. Gut findet man diese, wenn man über sie spricht, wenn Anzeigen und Spots in Rankings hoch gelistet werden und Fernsehshows wie „leider geile Werbeclips" ein best-of-the-best zusammenfassen. Kreativwettbewerbe werden zum Schauplatz der Agenturbedeutung, Preise gelten als Leistungs- und Qualitätsnachweis. Die „Goldidee" ist nicht für das Unternehmen Gold wert und schon gar nicht für das Publikum, sondern das mit Goldpreisen wie „Effie" oder „Löwe" prämierte Werk der Agentur. Hier feiert sich die Branche selbst.

Wo immer sich Menschen mit Werbung beschäftigen, geht es in Wirklichkeit fast ausschließlich um Medien, das Werben gerät völlig ins Hintertreffen und verliert bis zur Vernachlässigung an Aufmerksamkeit. DIE Werbung als solche ist völlig verzichtbar und kann ihrer Aufgabe sogar eigentlich nur im Wege stehen, wenn man sie um ihrer selbst willen betreibt. So kommt man vom Weg der Beziehungsarbeit ab und verliert sich in schönen, bunten, schrillen und lauten, aber immerhin kreativen Selbstdarstellungen und perfekten Scheinwelten.

Werbung ist kein Selbstzweck! Wenn man sie definieren und beschreiben kann, ist sie meines Erachtens bereits fehlkonstruiert. Es ist, als ob man einer Porzellanfigur ein abgebrochenes Teil wieder ankleben möchte und am Ende das Auffälligste der Kleber ist. Werben muss unsichtbar, leise, unaufdringlich und freundschaftlich geschehen. Es findet eine klanglich exakte Entsprechung im Wort Verben – den Tätigkeitswörtern – und kennzeichnet auch dadurch einen dynamischen Prozess, eine Handlung zwischen Menschen und ihrer Lebenswirklichkeit und kein isoliertes, künstlerisches Werk. Agenturen dürfen nicht aus guten Ideen gute Werbung machen, sondern müssen aus guten Produkten gute Geschäfte und aus guten Kontakten gute Beziehungen machen.

▶ Die heutige Situation lässt sich so darstellen:

Unternehmen – **WERBUNG** – Verbraucher

In Zukunft muss sie wieder so aussehen:

UNTERNEHMEN–VERBRAUCHER

Richtige, hilfreiche, gute und damit problemlose Werbung ist ein kaum wahrnehmbares Bindeglied zwischen Unternehmen und Verbrauchern, nicht der pompöse und dominante Mittelpunkt, der alle Aufmerksamkeit auf sich zieht!

Praxistipp
CommUNIQUEate! Bieten Sie echten Nutzwert statt falschen Mehrwert. Kommunizieren Sie lösungsorientiert und von der Kundenseite aus. Positionieren Sie sich als Partner und machen Sie die Ziele Ihrer Kunden zu Ihren Geschäftszielen. Wenn es auch schwierig ist: Finden Sie eine Lösung für ein echtes Problem, für das es noch keine (ideale) Lösung gibt. Investieren Sie viel Zeit, Kraft und Geld in diesen Anspruch. Formulieren Sie mit vielen kräftigen Tätigkeitswörtern (Werben mit Verben).

Literaturangaben und weiterführende Literatur

Christof, Rapp. 2004. *Aristoteles, Topik*. Stuttgart: Philipp Reclam.
Bartuschat, Wolfgang, Hrsg. 2010. *In Baruch de Spinoza, Ethik in geometrischen Formen dargestellt*. Hamburg: Meiner.
Brand eins Wirtschaftsmagazin. 2014. Schwerpunkt Werbung, brand eins Medien AG, Hamburg (Hrsg.), Heft 02, S. 35–130
Brinker, Klaus, 2010. *Linguistische Textanalyse*. 7. Aufl. Berlin: Erich Schmidt.
Fuchs, T., 2004. *Das Gehirn – ein Beziehungsorgan*. 2. Aufl. Stuttgart: Kohlhammer.
Maucher, H., F. Malik, und F. Farschtschian, 2012. *Maucher und Malik über Management*. Frankfurt a M.: Campus.

Sinn statt Unterhaltung

4

Fragt man Agenturen oder Verbraucher, wie Werbung sein muss, lautet die Antwort meist: unterhaltsam. Verbrauchern sei das nachzusehen, sie stehen ja nicht in Qualitäts- und Wirkungsverantwortung. Generell ist zur Unterhaltung in der Werbung zu sagen, dass ich sie für verzichtbar, ja widersinnig halte. Zur Unterhaltung habe ich eine Sendung eingeschaltet oder einen Artikel aufgeschlagen. Mich darin um der Unterhaltung willen zu unterbrechen, ist unsinnig.

Noch einmal zurück zu unserer Partymetapher: Nachdem Sie der unterhaltsamen Geschichten, Vorschlägen und Selbstdarstellungen überdrüssig geworden sind, gönnen Sie sich eine Pause und treten an das Buffet. Auf dem Weg dorthin werden Sie von einer Person verfolgt, und kurz bevor Sie es erreichen, stellt sich die Person Ihnen in den Weg, stoppt Sie in Ihrem Vorhaben und – unterhält Sie mit einer Geschichte, einem Vorschlag oder bloßer Selbstdarstellung. Wenn Sie wie ich empfinden, zieht sich diese Person Ihre ganze stumme Verachtung und alle stille Wut zu, die Sie empfinden können. Sie werden es ertragen, aber dieser Person gegenüber zunächst unzugänglich und ablehnend sein.

Anders, wenn diese Person wirklich einen Grund bietet, Sie aufzuhalten. Eine interessante Neuigkeit, eine spannende Entwicklung oder einen wichtigen Impuls zu Ihrer menschlichen, intellektuellen oder wirtschaftlichen Bereicherung. Menschen wissen, dass Werbung wichtig für die Medienvielfalt ist und unmittelbar mit der Qualität von Bildung, Journalismus und Unterhaltung in den Medien in Zusammenhang steht. Sie nutzen sie gerne als Quelle der Vorteilsinformation, der Inspiration und der Vereinfachung und Bereicherung ihres Lebens – wenn alle vorgelegten Inhalte sinnvoll und vernünftig sind. Wie kreativ dies aufgezogen wird, spielt übrigens keine Rolle. Der Werbeexperte Ulrich Lachmann stellt dazu fest: „Mit ungewöhnlichen

Aktionen Images aufzubauen ist fast nicht möglich" und „Die Ästhetik der Werbung spielt keine Rolle" (Lachmann 2014).

Die Forderung nach Unterhaltsamkeit kann nur von Menschen stammen, die Werbung als Zweck und nicht als Mittel begreifen. Doch das ist sie nicht, wie eingangs belegt. Bezeichnungen wie „Störer", „Kundenstopper" oder „Unterbrecherwerbung" zeigen, welchen Zweck bestimmte Elemente zu erfüllen haben. Ablenken, den Weg versperren und dazwischenfahren. Ein Ausdruck von Frechheit, Hilflosigkeit und Geringschätzung der Verantwortlichen gegenüber den Menschen.

Wer sich für ein Thema entscheidet und ihm Aufmerksamkeit und Zeit widmet, möchte darin nicht ohne guten Grund unterbrochen oder abgelenkt werden. Für die Werbung gilt das in besonderem Maße, da sie ohnehin als lästiges Beiwerk und notwendiges Übel betrachtet wird. Frechheit und Dreistigkeit gepaart mit Ignoranz machen das nicht besser. Das aber ist der entscheidende Punkt.

Viele unserer Unterhaltungs- und Informationsmedien werden großenteils oder gar vollständig durch Werbung finanziert. Verbraucher wissen und akzeptieren das und dieses Einverständnis sollte man nicht dazu missbrauchen, die Menschen gegen sich aufzubringen, sondern einen Konsens zu erzeugen. Unbedingt nötig ist hier die Frage nach dem Grund. Eine Unterbrechung muss Sinn machen, wichtig sein und vor allem: Erkenntnisse liefern!

Wenn Werbung die Zeit, in der die Menschen vor den Fernsehgeräten oder in Lesesesseln sitzen, mit nutz- und kraftloser Gaukelei vertrödelt, darf man sich über den Zorn, der ihr entgegenschlägt, nicht beschweren. Wie bereits erwähnt, ist es ja auch sinnlos, die Unterhaltung um der Unterhaltung willen zu unterbrechen. Womit ich den Zentralaspekt erreicht habe: Sinn.

Ist Werbung hingegen sinnvoll, kann sie mehr, als isolierte Kreativkampagnen je erreichen könnten, sie wirken über den Publikumshorizont hinaus. Das bedeutet, dass Inhalten auch dann ein erhöhter Wert beigemessen wird, wenn das beworbene Produkt nicht zum eigenen unmittelbaren Bedarf gehört, sondern zu dem einer dritten, nahestehenden Person.

Die Frage nach ansprechender Sinnhaftigkeit ist eng verknüpft mit einer sachlichen Wertediskussion, der ein sinnstiftender unternehmerischer Wertekanon entspringt. Entgegen der üblichen Formulierung ist es nicht so, dass etwas Sinn *hat*, erst wenn sich ein Betrachtungsgegenstand vor einem bestimmten Hintergrund betrachten lässt, *ergibt* sich Sinn – oder eben nicht. Die sinnvollste Unterbrechung ist die, die echten Schaden abwendet oder ein dringliches Problem löst. Stellen Sie sich vor, Sie sind auf unserer Party in ein intensives Gespräch vertieft, plötzlich unterbricht Sie jemand, nimmt Sie zur Seite, also vollständig aus dem Thema, und sagt: „Entschuldigen Sie, aber Sie haben etwas Spinat zwischen den

Vorderzähnen …" Für eine solche Unterbrechung wäre ich hoch dankbar und der Unterbrecher könnte sich auf mein Wohlwollen zukünftig sicher verlassen. Wann immer Sie werbend unterbrechen, stellen Sie sicher, dass diese Unterbrechung einen hohen Wert besitzt – für den Adressaten!

Praxistipp
Setzen Sie Sinn aus einem Bedarf, einem Wertesystem und einer Lösungsstrategie zusammen. Bringen Sie das in ein griffiges Kommunikationskonzept und formulieren Sie das in prägnanter Klarheit. Das ist am Anfang schwer und wird auch etwas dauern, aber der Lohn wird Ihre Erwartung übertreffen.

Literaturangaben und weiterführende Literatur

brand eins Medien AG Hamburg, Hrsg. 2014. brand eins Wirtschaftsmagazin, Schwerpunkt Werbung. Heft 02,. S. 35–130.
Schmid, Wilhelm. 2007. *Glück – Alles, was Sie darüber wissen müssen, und warum es nicht das Wichtigste im Leben ist*. Frankfurt a. M.: Insel Verlag.
Lachmann, Ulrich. 2014. aus brand eins Wirtschaftsmagazin, Schwerpunkt Werbung, brand eins Medien AG, Hamburg (Hrsg.), Heft 02. S. 35–130

Anerkennung statt Aufmerksamkeit 5

Wenn man Menschen fragt, was Werbung können muss, erhält man zwei Antworten: Werbung muss Aufmerksamkeit erregen und sie muss verkaufen.

Das ist ein grundlegender Fehler. Der Kampf um Aufmerksamkeit ist der Hauptgrund für die belästigende Wirkung der Werbemaßnahmen in heutiger und früherer Zeit. Bezüglich unserer Partymetapher würde das folgendermaßen aussehen: Zunächst beginnen die Gäste auf Sie einzureden. Alle. Gleichzeitig. Da Sie sich aber nur auf einen Menschen konzentrieren können, hat jeder den Anspruch, eben jener zu werden, und versucht, sich mit Gesten, lautem Rufen, schriller Stimme, wedelnden Armen und allerlei nervigen Geräuschen wie Zischen, Pfeifen oder Fingerschnippen bemerkbar zu machen. Nicht nur, dass Ihre Aufmerksamkeitsspanne binnen Sekunden erschöpft ist, Sie verlieren auch völlig das Interesse und wenden sich schließlich ab. Das ist der Beginn der Eskalationsstufe. Aus der distanzierten Ansprache wird jetzt die physische Bedrängnis, man wird Sie schubsen, antippen, an Ihren Kleidern zupfen und bei der Hand nehmen wollen, und sollten Sie sich tatsächlich jemandem zuwenden, werden die Bemühungen der anderen umso fordernder.

Heute steht die Werbung mitten in unserer Privat- und bisweilen sogar in unserer Intimsphäre. Sämtlichen Distanzkonzepten trotzend, erschließt sie sich jeden Lebens- und Aktionsraum des Menschen, um Aufmerksamkeit zu erlangen und zu hoffen, dass der Penetranz des einen die Kapitulation des anderen folgt. Dass dieses Vorgehen tatsächlich immer mal wieder Erfolge verzeichnet, nehmen Werbeagenturen als Bestätigung. Tatsächlich ist es ein Zeichen zunehmender Verbraucherresignation. Nur weniges wird in Deutschland so vehement und konsequent ignoriert wie Werbung. Das ist der Grund, weshalb ein Umdenken notwendig ist und alternative Konzepte zum Zuge kommen müssen!

© Springer Fachmedien Wiesbaden GmbH, ein Teil von Springer Nature 2018
R. H. Gärtner, *50 Tipps für eine wirkungsvolle Zielgruppenansprache*,
https://doi.org/10.1007/978-3-658-21367-1_5

Das Streben nach Aufmerksamkeit ist der erste Gendefekt der Werbung, der alle Erbkrankheiten und Symptome mitverursacht. Es ist zudem unnötig!

Jeder gesunde, wache Mensch besitzt eine Eigenschaft, die es ihm ermöglicht, nützliche oder schädliche Einflüsse sofort zu erkennen. Er „scannt" seine Umgebung unbewusst und unablässig nach Signalen, die für ihn hilfreich oder kritisch werden können. Neurowissenschaftler bezeichnen diesen Zustand als „entspannte Aufmerksamkeit" oder „relaxed alertness". Dieser Grundfunktion ist es zu verdanken, dass uns nichts entgeht, was für uns oder jene, die mit uns in einer Beziehung stehen, von Bedeutung sein könnte. Für die Werbung ist das von doppelter Bedeutung:

1. Sie müssen nicht aufregend oder spannend werben, denn Anspannung verbraucht Energie und das erschöpft sehr schnell. Da der Grundzustand „entspannt" ist, können Sie moderate Botschaften in größerer Menge transportieren, ohne den Menschen zu überlasten. Ebenfalls aus der Neurowissenschaft stammt nämlich die Erkenntnis, dass ein Mensch nicht zu überfordern ist, wenn er gelassen, aber interessiert ist!
2. Sie müssen nicht für Aufmerksamkeit sorgen, da der Grundzustand bereits „aufmerksam" ist. Dadurch können Sie Ihre Ressourcen schonen und Fehlinvestitionen von Zeit, Kraft und Geld vermeiden!

Das Wissen um die „relaxed alertness" verhilft Ihnen also zu einer wesentlich höheren Erfolgswahrscheinlichkeit, da Sie sich ganz auf die Übertragung wesentlicher Botschaften konzentrieren können.

Hier kommt der wesentliche Aspekt zum Tragen: Wenn der Empfänger also bereits grundaufmerksam und grundentspannt ist, ist jede erregende Aktivität zu vermeiden, um die Aufnahmekapazität nicht zu gefährden. Das Prinzip der Anerkennung findet jetzt seine volle Entfaltung. Im Wort „Anerkennung" liegt das Erkennen im Sinne von gewahr werden und das Anerkennen im Sinne von akzeptieren. Was zu dem Menschen und seiner Lebensumgebung gehört oder gehören sollte, findet er selbst! Dafür genügt es anwesend und sympathisch attraktiv zu sein. Anerkennen heißt, die Aufmerksamkeit auf Werte zu richten, die von Bedeutung sind. Jetzt oder später, für einen selbst oder einen nahen Menschen. Diese Chance dürfen Sie sich keinesfalls durch schrille, laute oder nervtötende Aufmerksamkeitsbemühungen zunichtemachen.

Für die Partysituation eingangs hieße das, alle würden sich völlig ruhig verhalten und sich darum kümmern, ihre wesentlichen Eigenschaften möglichst gut zu repräsentieren. Im Laufe des Abends werden Sie sich sicher mit jedem Menschen unterhalten wollen, der Ihrer entspannten Aufmerksamkeit nicht entgangen ist. Das sind nicht alle Gäste, aber sicher ein Vielfaches mehr als mit der aufdringlichen

5 Anerkennung statt Aufmerksamkeit

Methode. Viele von ihnen werden Sie wirklich gut kennenlernen wollen, und aus diesen Kontakten können tragfähige, dauerhafte Beziehungen werden. Ganz ohne anfängliche Penetranz und Effekthascherei.

Der einfachste Weg, Anerkennung zu erhalten, ist, Anerkennung zu schenken. Wenn Sie wissen, was die Menschen wollen, ist Ihnen jede Anerkennung und jedes Interesse gewiss.

Verbraucher wollen Verlässlichkeit und Gewissheit für ihr Leben und das ihrer Lieben. Sie wollen Schutz und Unterstützung, wenn sie unsicher sind. Wenn sie ein Problem haben, wollen sie Soforthilfe, sie wollen keine endlosen Anleitungen und keine langen Wartezeiten – auch nicht am Telefon. Sie wollen Werbung, der sie vertrauen können, Etiketten, die nicht schwindeln, Produkte, die ihre Persönlichkeit unterstreichen, die ihnen Freiheit und Komfort schenken, Freude bereiten und das Leben erleichtern. Sie wollen Marken, auf die sie stolz sein können, die ihr Lebensgefühl und ihre mentale Haltung ausdrücken, sie wollen korrekte Produktions- und Lieferbedingungen, art- und umweltgerechte Erzeugung. Sie wollen sich freuen können, genießen und ein gutes Gewissen haben. Sie wollen ihre Marken wieder mit Stolz tragen und zeigen, dass sie, wenn sie ein Produkt zu ihrer Marke machen, qualitäts-, preis- und verantwortungsbewusst sind. Sie wollen keine fesselnden Kundenbindungsprogramme, sondern ihre Marke frei wählen, sie wollen keinen Werbedruck, sondern einen Überblick über das Angebot, sie wollen keine Entscheidung, sie wollen eine Wahl!

Unternehmer wollen langfristige Gewinnsicherung statt kurzfristiger Gewinnmaximierung! Sie wollen nicht mehr in Überflüssiges investieren. Sie wollen nicht mehr, was möglich ist, sondern, was nötig ist. Verbesserte Erlösqualität durch höchste Kundenzufriedenheits- und Markenloyalitätswerte und höhere Erträge durch eine individuelle kundenspezifische Marktleistung. Gesteigerte Arbeits-, Zeit- und Geldproduktivität. Sie wollen Wert aus Wissen schöpfen und tragfähige, stabile und dauerhafte Beziehungen zu ihren internen und externen Anspruchseignern. Sie wollen ideale Wettbewerbsbedingungen, eine vorbildhafte Marktstellung und eine friktionsfreie, positive Gewinnkultur mit Eignern, Management, Personal, Investoren, Kooperationspartnern, Kunden, Mitbewerbern, Staat, Gesellschaft und Umwelt mit tadelloser Response und geringstmöglicher Investition. Sie wollen Markenbewusstsein als Ausdruck der Verbundenheit eines Menschen zu *seinem* Produkt und *seinem* Unternehmen. Sie wollen nicht länger für jede Aufgabe ein eigenes Konzept, sondern ein einheitliches Konzept, das Marktstellung, Innovation, Produktivität, Liquidität und Cash-Flow, Profitabilität und Attraktivität gleichzeitig fördern hilft. Sie wollen Ertragssteigerung und eine Geschäftskultur, bei der jeder gewinnt – vom Produzenten bis zum Konsumenten und die Entwicklung von guter Performance zu Spitzenperformance!

Und hier spreche ich für meine Kollegen: Wir als funktionelle Werbefachkräfte wollen eine bessere Werbekultur. Wenn der Vertrauensindex der GfK uns mit 33 % auf den drittletzten Platz setzt, wollen wir schnellstens etwas dagegen unternehmen. Wir wollen das Vertrauen der Verbraucher und der Agenturkunden wieder verdienen, wir wollen mehr Akzeptanz und ein besseres Renommee. Wir wollen eine ideale Vermittlung zwischen Unternehmen und Konsumenten schaffen und eine friktionsfreie Marktkommunikation erarbeiten. Wir wollen, dass Werbung Verantwortung übernimmt und nicht nur wirtschaftliche oder eigene, sondern auch soziale und gesellschaftliche Interessen vertritt. Wir wollen den Nachwuchs der Werbung besonders fördern und uns für seine sichere Zukunft und berufliche Entwicklung einsetzen. Wir wollen den Einklang von Berufs- und Privatleben. Wir wollen kreativ frei und konzeptionell eigenverantwortlich arbeiten und für Verbraucher, Unternehmen und Agenturen die optimale Lösung für Kreation, Effizienz, Strategische Markenführung und Integrierte Kommunikation erstellen. Wir wollen Arbeitsplätze erhalten und Kosten senken, wir wollen nicht nur unterhaltsam sein, sondern gesellschaftlich und wirtschaftlich verantwortungsvoll. Wir wollen die Funktionelle Werbung zum Nutzen aller als Best Practice auf dem Markt etablieren. Wir wollen Agenturen, die unterbrechungsfrei, unabhängig und effizient arbeiten, wir wollen Agenturen, die für Kunden und Verbraucher arbeiten und nicht für die Werbung!

Verinnerlichen Sie diese Ansprüche und handeln Sie danach. Ich verspreche Ihnen, dass die „relaxed alertness" jedes Menschen nach genau diesen Punkten sucht und für Lösungen aller Art für diese Themen sehr empfänglich ist. Die Anerkennung jedenfalls ist Ihnen gewiss.

Praxistipp
Bevormunden Sie Ihr Publikum nicht. Bieten Sie ausreichend Information, zeigen Sie Alternativen auf und argumentieren Sie dann, warum Ihr Angebot die richtige Entscheidung ist. Nutzen Sie die lineare Argumentation: Formulieren Sie drei Argumente, beginnen Sie mit dem schwächsten und schließen Sie mit dem stärksten.

Literaturangaben und weiterführende Literatur

Aristoteles. 2004. *Topik*. Stuttgart: Philipp Reclam jun. Verlag.
Bartuschat, Wolfgang, Hrsg. 2010. *Baruch de Spinoza, Ethik in geometrischen Formen dargestellt*. Hamburg: Meiner.
Brinker, Klaus. 2010. *Linguistische Textanalyse*. 7. Aufl. Berlin: Erich Schmidt.

Herrmann, Ulrich, Hrsg. 2006. *Neurodidaktik,* 145–158. Weinheim: Beltz.
Leisse, Oliver. 2012. *Be prepared.* Freiburg: Haufe-Lexware.
Maucher, H., F. Malik, und F. Farschtschian. 2012. *Maucher und Malik über Management.* Frankfurt a. M.: Campus.

Gewinn statt Absatz

Werbung muss verkaufen. Das ist eine knappe Aussage, und Menschen sind gewillt, Dinge umso weniger infrage zu stellen, je knapper und selbstbewusster der Aussagesatz formuliert ist. Ich stelle die Frage aber neu: Was könnte Werbung leisten, außer zu verkaufen? Und wenn man diese Leistungen ausschöpft, muss Werbung dann überhaupt noch verkaufen oder verkaufen sich die Dinge dann nicht vielmehr von selbst?

Die sprichwörtlichen warmen Semmeln gehen weg, weil sie warme Semmeln sind und nicht, weil eine Werbekampagne zum Kauf auffordert. Das Streben nach Absatzförderung ist der zweite Gendefekt der Werbung, der alle Erbkrankheiten und Symptome mitverursacht.

Werbung soll verkaufen müssen. Fragen Sie eine Werbeagentur warum, erhalten Sie meist einen sogenannten aristotelischen Syllogismus, eine Schlussfolgerung aus zwei oder mehr Prämissen aus der Arbeit des Aristoteles. Bezogen auf die Werbung, lautet der gängige Syllogismus:

Prämisse 1: Produkte sind zum Verkaufen gemacht.
Prämisse 2: Werbung ist für Produkte gemacht.
Schlussfolgerung: Also ist Werbung zum Verkaufen gemacht.

Ich sehe kaum jemanden, der hier widerspräche. Das Problem der aristotelischen Syllogismen liegt allerdings nicht erst in der Schlussfolgerung, sondern bereits in der Fehleranfälligkeit der Prämissen. Folgendem Syllogismus ist logisch zu widersprechen:

Prämisse 1: Wenn es regnet, ist der Himmel grau.
Prämisse 2: Der Himmel ist grau.
Schlussfolgerung: Also regnet es.

Es ist leicht zu erkennen, dass diese Schlussfolgerung falsch sein kann. Auch wenn keiner der Prämissen unmittelbar zu widersprechen ist, führen sie zu einem falschen Schluss. Der Fehler liegt in der Fokussierung der Thematik und einer unzureichenden Abbildung der Wirklichkeit. Im Zentrum der Betrachtung hätte nämlich nicht der Regen, sondern der graue Himmel stehen müssen, aus dem es mal regnen kann, mal nicht. Die Prämissen hätten lauten müssen:

Prämisse 1: Wenn der Himmel grau ist, kann es regnen.
Prämisse 2: Der Himmel ist grau.
Schlussfolgerung: Also kann es regnen.

Dem ist nach allgemeiner Erfahrung mit der zentraleuropäischen Großwetterlage wirklich nicht zu widersprechen. Zudem ist zu berücksichtigen, dass die meisten Prämissen Schlussfolgerungen vorangegangener Syllogismen sind und die gewonnenen Schlussfolgerungen neue Prämissen folgender Syllogismen werden. Daher kann es – wie bei der Werbung – Hunderte von Jahren dauern, bis logische, aber erfolgskritische Fehler aufgedeckt und korrigiert werden können.

Berücksichtigt man die allgemein hohe Fehleranfälligkeit dieser Argumentationsform, sollten Sie also jeder dieser Aussagen immer mit größter Skepsis begegnen. Soweit zur Widerlegung des „Absatz-Syllogismus". Betrachten wir nun den Nutzen der Absatz-Bemühungen.

Gewinn ist in den Managementetagen der deutschen Unternehmen noch immer ein zu wenig beachtetes Thema. Das Hauptaugenmerk gilt nach wie vor den Marktanteilen. Die meisten Unternehmen sehen sich branchenübergreifend identischen Bedingungen ausgesetzt: globaler Wettbewerb, Kostenwachstum, Überkapazität und eine stagnierende oder gar rückläufige Nachfrage. An diesen Faktoren lässt sich nach Ansicht der Marketingberatung Simon-Kucher & Partner von Unternehmensseite nichts verändern und die Situation wird sich in absehbarer Zeit nicht signifikant verbessern.

Argumentativ berufen sich anteilsorientierte Manager auf die Studie *„Profit Impact for Market Strategies"* (PIMS), die eine Kausalität zwischen Gewinnwachstum und Anteilszuwachs zu belegen scheint. Lange zuvor wies Robert F. Lanzillotti einen fehlenden Zusammenhang von Marktanteilsstreben und Unternehmens-Kapitalrendite nach; Die Wirtschaftsforscher Scott und Green bestätigen diesen Befund und belegen: „…dass wettbewerbsorientierte Ziele schädlich sind". Sie beklagen, dass diese Erkenntnis in Wissenschaft und Führungsetagen bislang keine angemessene Beachtung und Befolgung gefunden hat. Zu stark ist das Marktanteilsdenken verankert.

Die Funktionelle Werbung bietet eine Möglichkeit, Absatzfixierung und Wettbewerbsdenken intern und extern – ausgehend von der Unternehmensspitze – in Gewinnorientierung zu wandeln und damit die Gewinnsituation schrittweise zu verbessern. Werben wird damit zwingend wieder als Chefsache und fester Bestandteil regelmäßiger Strategie-Meetings des Top-Managements zu betrachten und zu behandeln sein.

Das Institut der Deutschen Wirtschaft (IW) schreibt auf seinem Internetportal:

> Jahrelang dümpelten die Umsatzrenditen der deutschen Wirtschaft unspektakulär dahin – sie erreichten allenfalls 2 bis 3 Prozent. Erst im Boomjahr 2007 knackten sie die 4-Prozent-Marke. Doch die Freude währte nur kurz, schon 2008 halbierte sich die Rendite, um dann im Krisenjahr 2009 für viele Unternehmen in den roten Bereich abzutauchen. Der gesamtwirtschaftliche Gewinn-Durchschnitt für das vergangene Jahr liegt zwar noch nicht vor, dürfte die Nulllinie nach ersten Daten etwa für die M+E-Industrie jedoch nur knapp überschritten haben. Mit dem aktuellen Aufschwung klingeln die Kassen zumindest in den exportorientierten Firmen wieder. Für viele Unternehmen sind ordentliche Gewinne im laufenden Jahr aber allein schon notwendig, um die Verluste aus der Krise auszugleichen.
>
> Auch wenn die Konzerne in den letzten Jahren vielfach stärker als der Mittelstand auf Gewinn getrimmt wurden, im internationalen Vergleich sind die deutschen Dax-Schwergewichte sogar zurückgefallen. Während viele Großkonzerne aus Amerika, Russland oder Asien selbst im Krisenjahr 2009 zweistellige Umsatzrenditen einfahren konnten, erreichten die 25 Dax-Größen ohne Finanz- und Versicherungskonzerne nach Steuern gerade 1,5 Prozent. Im laufenden Jahr ändert sich an dieser Reihenfolge voraussichtlich nichts: Die ausländischen Rohstoff-, Software- und Pharmariesen sind weitaus profitabler als die deutschen. (www.iwkoeln.de, Infodienste)

Zwei bis vier Euro Gewinn pro eingenommenen 100 €! Ein reichlich deprimierender Wert, dem es sich auf den Grund zu gehen lohnt.

Diese Gewinnmalaise stellt sich heute für viele Unternehmen folgendermaßen dar:

- Programme zur Kostensenkung und -vermeidung sind erschöpft oder greifen nicht ausreichend.
- Innovationen sind nur in großer Zeitspanne und mit hohen Planungs-, Forschungs- oder Anfangsinvestitionen umzusetzen.
- Gewinne, Umsätze und Renditen werden durch Produkte oder Leistungen erzielt, die schon lange in Märkten eingebunden sind, deren Wachstum gering ist oder stagniert.
- Die Produkte haben an individuellen Eigenschaften und unverwechselbarem Wert verloren und stehen jetzt in hohem Wettbewerb zu gleichen Produkten.
- Die Marktbedingungen sind aggressiver, feindseliger und unerbittlicher geworden, es herrschen Preis- und Rabattschlachten oder Wertangriffe.
- Kunden bewerten nach Preis und Komfort und können ohne Mühe jederzeit bei einem alternativen Anbieter kaufen.

- Verbraucher sehen Leistungen als selbstverständlich an, hinterfragen Wertargumente und fordern zunehmend größere Preis- oder Wertgeschenke.
- Als Grundlage der Kaufentscheidung stehen nicht mehr Wert oder Kundendienst, sondern einzig der Preis.

Die typischen Reaktionen der Führungsverantwortlichen hierauf sind Preisnachlässe, Wertgeschenke sowie verschärfte Maßnahmen der Kostensenkung, Innovation und Marketingmodifikation. Doch angesichts vergleichbarer Produktniveaus mit ähnlichen Kostenstrukturen wird die Gewinnausschöpfung erheblich erschwert.

Typische Absatz- und Verkaufsförderungen, wie sie durch Werbung bisher initiiert oder kommuniziert werden, verstärken den Trend und vernichten Gewinnpotenzial zugunsten von Marktanteilen: Rabattierung, Gratiszugaben und schlicht Verschwendung (durch Haltbarkeitsverkürzung oder Dosierungsverhinderung) helfen zwar bei der Vergrößerung der Absatzmarge und sorgen dadurch zunächst für gute Stimmung in den Führungsriegen. Tatsächlich aber sind sie die vorläufigen Höhepunkte der Wertvernichtung, Ertragsminderung und Schmälerung der Gewinnmarge. Unverhältnismäßige oder unnötige Rabatt- und Gratisleistungen verlagern einen bemerkenswerten Teil des Unternehmensvermögens ohne Gegenleistung zum Kunden – mit langfristig unangenehmen Folgen für beide.

Im Gegensatz dazu liegen in den kleinen und großen Unternehmen aller Branchen erhebliche Gewinnpotenziale ungenutzt und unbeachtet im Verborgenen und müssen lediglich unter geringem Aufwand freigesetzt, definiert und richtig vermittelt werden.

Die Funktionelle Werbung hat das Ziel, die Gewinnzone des Verbrauchers von der Preisfixierung zu lösen und auf andere Werte auszuweiten. Anstelle eines aggressiven oder in der Preispolitik allzu nachgiebigen Wettbewerbs können gewinnorientierte Unternehmen von Zurückhaltung und subtiler Differenzierung profitieren.

Zusätzliche Unternehmenswerte lassen sich aus den Produktions- und Distributionsprozessen, dem Service, der Lieferpolitik, der Marke, der Unternehmens- und Unternehmerpersönlichkeit und vor allem aus den Geschäftsbeziehungen generieren – und zwar bei steigendem Preis! Ihr Ziel muss die Förderung von Kundenzufriedenheit aus diesen Faktoren sein.

Begehen Sie nicht den Fehler, Gewinn mit Profit zu verwechseln. Gewinne, im positiven Sinn, bereichern alle an einem Prozess Beteiligten! Mal finanziell, mal materiell, mal ideell. Positive Gewinne erstrecken sich vom Produzenten über den Lieferanten bis hin zum Konsumenten. Sogar darüber hinaus bis zum Konkurrenten. Es ist nicht einfach, ein universelles Gewinnkonzept zu entwickeln und eine positive Gewinnkultur zu etablieren, aber es rechtfertigt jede Mühe. Der Lohn, der Sie erwartet, wird Ihre kühnsten Berechnungen weit übertreffen.

> **Praxistipp**
> Vernachlässigen Sie Aktivitäten zur Steigerung des Marktanteils. Setzen Sie auf Aktivitäten zur Steigerung des Gewinns. Kommunizieren Sie das Ihren Stakeholdern und verinnerlichen Sie diese Haltung.

Literaturangaben und weiterführende Literatur

Aristoteles. 2004. *Topik*. Stuttgart: Philipp Reclam jun. Verlag.
Bilstein, F., Luby, F., und Simon, H. 2006. *Der gewinnorientierte Manager*. Frankfurt a. M.: Campus.
Edmüller, A., und Wilhelm, T. 2011. *Argumentieren*. Freiburg: Haufe-Lexware.
Institut der deutschen Wirtschaft Köln (IW). Ein Auf und Ab. www.iwkoeln.de/de/infodienste/iw-nachrichten/beitrag/61168?relatedarticles.p=2. Zugegriffen: 10. Juni 2014.

Personen- statt Produktfokussierung 7

Selbstdarstellung. Ein Begriff, der gerade in der heutigen Zeit an Bedeutung gewonnen hat und in seinen Ausmaßen kaum noch einzudämmen ist. In Selbstporträts, sogenannten „Selfies", stellen sich Menschen aller Alters- und Bildungsklassen jederzeit, überall und bei fast allen erdenklichen Tätigkeiten dar. Sie lassen die Welt teilhaben an aktuellen Ereignissen großer, kleiner und fehlender Bedeutung. Das Interesse der Welt scheint groß, kaum eines der geposteten Dokumente bleibt „ungeliked" oder unkommentiert.

Das Selfie der Werbung ist die Produktpräsentation und anders als im „social network", der virtuellen Welt, geht es hier meist um Unbelebtes. Menschen sind, wenn sie auftreten, unterstützendes Beiwerk, kaum der Rede wert und auch nicht wirklich wichtig, der Star der Kampagne ist das Produkt. Weniger korrekt könnte es nicht sein.

Gegenstände werden heute mit aufwendiger Technik, kostspieligen Drehorten und Drehbüchern und prominentem Personal, den sogenannten „Testimonials", in Szene gesetzt. Zahlreiche Werbespots wirken eher wie ein Beitrag für ein Kurzfilmfestival und nicht wie eine Verbraucherinformation. Dabei sind Fantasie und Kostenspirale keine Grenzen gesetzt. Unter dem Dogma der Aufmerksamkeitserregung und der Kreativität werden Feuerwerke gezündet, die immer spektakulärer werden – auch im Hinblick auf den nächsten Kreativpreis. Dadurch zeigt die Werbung zunehmend ikonomanische Züge. In wuchtiger, rauschhafter, opulenter Bildsprache wird die Wirklichkeit aufgelöst. Werbung verklärt sich in einem Akt piktoraler Autoerotik. Dieser Begriff entstammt einem Artikel des Philosophen Konrad Paul Liessmann und bezieht sich auf Personen-Selfies, ich erlaube mir, ihn auf die Werbung auszuweiten. Sie leidet heute unter einer ausgeprägten narzisstischen Störung, lebt für den Moment und für sich selbst, ist an der Selbstdarstellung mittels Produktpräsentation interessiert und nicht mehr an der Kundenbeziehung. Unternehmen wie Agenturen sind gut beraten, diesen Trend radikal umzukehren.

Nicht das Produkt, der Gegenstand, ein Ding darf Thema des problemlösenden Werbens werden, sondern der Wert, der Nutzen, der Sinn, der sich für den Verbraucher ergibt. Noch nicht einmal das Unternehmen oder seine Mitarbeiter, Lieferanten oder Kooperationspartner spielen für den Anwender irgendeine Rolle, es sei denn, sie sind unmittelbar sinnstiftend. Was aber von Bedeutung und höchstem Interesse ist, ist die Beziehung, die ein Unternehmen zu seinen Kunden unterhalten will. Hier muss man sich zwischen kurzfristiger Absatzsteigerung und langfristiger Gewinnsicherung entscheiden. Ich empfehle Letzteres.

Kundenverbindungen aufzubauen, zu fördern und zu stabilisieren, ist die wichtigste Aufgabe des Werbens. Dazu muss man sich von den Produkten ab- und den Verbrauchern zuwenden, muss sie wahrnehmen, ernst nehmen, an ihnen Maß nehmen.

Deutlich wird das am Begriff der Zielgruppe. Der militärische Anklang des auf jemanden zielen, in ins Ziel nehmen, klingt nach Scharfschütze, Treib- oder Großwildjagd und wirkt auf den Verbraucher unbehaglich, denn was als Nächstes folgt, ist der Absch(l)uss im Sinne der Kaufhandlung. Ist das Ziel erreicht: neu anlegen. Noch schlimmer ist nur die Wendung „ins Beuteschema passen".

Ich bin nicht dafür, den Zielgruppenbegriff zu wechseln, ich plädiere für eine richtige Sichtweise. Das englische *target-group* entspricht der deutschen militärischen Auffassung. Funktionell richtig verstanden ist der Begriff erst, wenn man das Ziel nicht als das *zu treffende*, sondern als den *Gipfelpunkt*, das Finale oder das Ursächliche begreift. Die Zielgruppe wären dann also jene Menschen, für die jemand seine Freizeitaktivitäten unterbricht oder aufgibt, in die Firma geht und arbeitet. Das Ziel aller produktiven Anstrengung und Zweckerfüllung. So verstanden gehören zur Ziel-Gruppe auch die Kollegen, die Vorgesetzten, die Mitarbeiter, Geschäfts- und Vertragspartner und viele andere Menschen, die vom Erfolg Ihrer Arbeit profitieren – bis hin zu Ihrer Familie.

Hier zeigt sich der Wert der Zielgruppenkommunikation in seinem ganzen Ausmaß. Von Bedeutung werden nicht länger fragwürdige oder schnell dahingetextete Produktvorteile in schillernder Verpackung, sondern echte, verbindliche und dauerhafte Werte, die Menschen verbinden und eine Gemeinsamkeit für die Unternehmenszukunft aus persönlichem Interesse schaffen. Stellen Sie den Menschen in seinem Gefüge, in seinen Verbindungen und seinem Austausch in den Mittelpunkt, schildern Sie Zusammenhänge und stellen Sie einen verbindlichen Wertzusammenhang zwischen dem Unternehmensverbund und den Arbeitsleistungen dar. Genau darum handelt es sich nämlich bei Produkten in Wirklichkeit: Nicht seelenlose Gegenstände produzieren Sie, sondern Leistungen, die aus Arbeit, Kraft,

Geld, Zeit, Wissen und Können geschaffen wurden. Niemand wird Ihnen erzählen wollen, dass es auf der ganzen Welt Ihre Leistung eine zweites Mal gäbe. Nutzen Sie dieses Denken und Ihr Wissen über die individuellen Verbindungen Ihres Unternehmens zur nicht kopierbaren Differenzierung!

Praxistipp
Erarbeiten Sie Zielvisionen. Achten Sie auf Deutlichkeit. Stellen Sie einen erstrebenswerten Zustand mit aller verfügbaren Plastizität vor und implantieren Sie diese Vision kommunikativ in den Köpfen und Herzen der Menschen, die Ihnen folgen sollen. Berücksichtigen Sie Sorgen, Ängste und Zweifel und argumentieren Sie empathisch aber entschlossen dagegen. Definieren Sie zu jedem negativen Wert einen positiven Wert aus der Liste im Anhang und stellen Sie ihn zur Diskussion. Behaupten Sie nicht, überzeugen Sie.

Literaturangaben und weiterführende Literatur

Liessmann, Konrad Paul. 2014. *Philosophie Magazin,* Ausgabe 04/14, S. 53. Berlin: Philomagazin.
Malik, Fredmund. 2008. *Die richtige Corporate Governance.* Frankfurt a. M.: Campus.

Vollständig schildern statt selektiv informieren

8

Das führt uns zu einem weiteren wichtigen Punkt: der selektiven Information. Jeder kennt Schilderungen, die in mitreißender Farbigkeit einen Sachverhalt darstellen, der sich später als sehr lückenhaft herausstellt und nach Vervollständigung eine ganz andere Aussage erhält. Die Auslassung ist ein in der Werbung besonders weit verbreitetes Vorgehen. Ausgewählte positive Bestandteile sind der Gegenstand jeder werblichen Kommunikation. Darüber gerät in Vergessenheit, dass die Verbraucher skeptisch sind und den vielen glanzvollen Werbeversprechen kaum noch Glauben schenken. Tatsächlich sind die hohe Abneigung der Menschen gegenüber Werbung, das gestiegene Misstrauen gegenüber ihren Aussagen und das verhaltene Vertrauen gegenüber ihren Beteuerungen hauptsächlich auf die Tatsache zurückzuführen, dass sich Werbung nur auf das Fantastische eines Produktes einschießt, und allzu oft ist es eben genau das – Fantasie. Zudem bergen Auslassungen und einseitige Darstellung immer auch die erhebliche Gefahr der Manipulation oder des Manipulationsverdachtes.

Werbetexte müssen fernab der Kreativschulen, Rhetorikkursen und Verkaufsseminaren entworfen werden. Sie müssen für eine konkrete Person nach den Gesetzen der Topik und der Logik geschrieben werden. Für eine realistische Verbraucherwirklichkeit. Zum Gebot der Vollständigkeit gehört es, eben nicht nur alle Spitzeneigenschaften eines Produktes in ein Werbekonzept zu packen, sondern es von allen Seiten ausreichend zu beleuchten, sodass jeder es in seinem Ganzen erkennen und bewerten kann. Das braucht Mut und ist für die allermeisten Kreativen ungewohnt. Der Lohn sind aber eine stärkere Verbindung zum Verbraucher und eine höhere Empfehlungsquote.

Schildern müssen Sie neben den positiven Eigenschaften und unschlagbaren Vorteilen vor allem, wie Sie Misstrauen begegnen – dem größten Problem der

Werbung nach Lästigkeit. Erkennen Sie Probleme, die einer Kaufentscheidung im Weg stehen. Fragen Sie immer zuerst, was Verbraucher von der Kaufentscheidung abhalten könnte! Suchen Sie nach Gründen, das Produkt nicht zu kaufen. Formulieren Sie diese Gründe und erarbeiten Sie passende, effektive Lösungen. Vermitteln Sie diese gemeinsam in Ihrer Kommunikation.

Ich habe für das Nichtkaufen sechs Gründe isoliert:

1. **Unkenntnis**: Die Verbraucher kennen das Produkt oder seine Vorzüge nicht.
2. **Anwendung**: Die Verbraucher kennen das Produkt und seine Vorzüge und verwenden es bereits.
3. **Gleichgültigkeit**: Die Verbraucher kennen das Produkt, stehen ihm aber indifferent gegenüber.
4. **Zweifel**: Die Verbraucher kennen das Produkt und die Vorteile, haben aber Zweifel an der Richtigkeit der Kaufentscheidung.
5. **Abneigung**: Die Verbraucher kennen das Produkt und seine Vorteile, lehnen es aber aus anderen Gründen ab.
6. **Widerstand**: Die Verbraucher haben schlechte Erfahrungen mit Produkt, Firma oder Service und greifen es jetzt an.

Das macht zwar eine Menge Arbeit und braucht viel Übung, zahlt sich aber hundertfach aus. Entsprechend größere Printflächen oder längere Sendezeiten sollten Sie einberechnen. Im nächsten Schritt muss man sich von dem Zwang der Kürze befreien. Das Dogma stammt von Sprachpuristen, die außer Grammatik, Stil und Tradition nichts im Blickfeld haben. Lebendige Texte dürfen Länge und Breite haben, einen stattlichen, repräsentativen Korpus, der die Bedeutung, die er trägt, von Weitem erkennen lässt. Kürze ist das Gebot des Verzichtbaren, des Uninteressanten, des Redundanten; wer etwas zu sagen hat, Erkenntnisse, Klärung und Lösungen bietet, dem wird man aufmerksam folgen. Statt kürzen, kürzen, kürzen muss es heißen: aufschlussreich sein, Thema entfalten!

Lesen bildet. Ich kann keinen Grund erkennen, warum das für die Werbung nicht gelten sollte. Erkenntnisse zu vermitteln, ist nicht nur unterhaltsam, wie man aus den zahlreichen populärwissenschaftlichen Print- und Fernsehformaten schließen kann, es bereichert die Allgemeinbildung, das Verständnis der Umwelt, bietet Aufschluss über komplexe Sachverhalte, trägt zu Konflikt- oder Problemlösungen bei und bietet zusätzliche Möglichkeiten, an Diskussionen teilzunehmen und Sozialkontakte zu erweitern.

Insofern kann die Werbung endlich ihre wichtige persönliche und gesellschaftliche Funktion übernehmen und sich aus der unbeliebten Randständigkeit einen zentralen Platz als eine der wichtigsten Wirtschaftsfunktionen sichern. Dazu bedarf

8 Vollständig schildern statt selektiv informieren

es einigen Mutes. Die bisherigen Konzepte müssen großenteils aufgegeben oder radikal verändert werden. Das Verspielte muss dem Informativen weichen und eine bislang eher unbeliebte Seriosität muss etabliert werden. Die Struktur der Fließtexte ist neuen Regeln zu unterwerfen und das Textkonzept ist einer einheitlichen Gesamtdarstellung unterzuordnen.

Zur Strukturbildung habe ich, in Anlehnung an den niederländischen Psychologen und Linguisten T. A. van Dijk, das *„Funktionelle Superstrukturkonzept"* entwickelt. Es erlaubt eine rasche, wirkungssichere Themenentfaltung und besitzt darüber hinaus unverzichtbare Vorteile:

- Der Inhalt lässt sich in einem einzigen Schlüsselbegriff oder Schlüsselsatz ausdrücken und rezipieren.
- Im selben Text lassen sich die Interessen mehrerer bis sämtlicher Adressaten vermitteln.
- Es ist auf alle Medien problemlos anwendbar, unabhängig von ihrer Größe oder Rezipierbarkeit.
- Es lassen sich mehrere Themen in einem einzigen Werbekonzept behandeln, ohne dass Einbußen bei der Lesefreundlichkeit und der Relevanz entstehen.
- Der Inhalt stellt sofort eine persönliche Verbindung des Emittenten zum Rezipienten her – und umgekehrt.

Dazu müssen sich Werbetexter und Konzepter zunächst für eine von vier Superstruktur-Varianten entscheiden:

1. Narration
2. Deskription
3. Explikation
4. Argumentation

Im Erzählstil lassen sich Themen anders entfalten als bei der Beschreibung, in der Explikation wiederum anders als bei der Argumentation, und letzten Endes wird es wohl vom gewählten Themenkomplex abhängen, welche Strukturform erfolgversprechender ist. Fehler machen Sie mit keiner der Formen! Mit wachsender Erfahrung werden Sie in der Lage sein, attraktive Hybriden zu entwickeln, die Ihre eigene, unverwechselbare Handschrift tragen und zur individuellen, dauerhaften Profilierung auf dem Markt beitragen.

Die *narrative Themenentfaltung* sieht vor, ein Thema als Erfahrungsreplikation darzustellen und dadurch eine schnelle, tiefe Verbindung zum Rezipienten zu schaffen. Sie ist sehr lebendig geschrieben und zieht den Leser sofort in den Bann.

Die lebensnahe Schreibweise stellt einen direkten Bezug zwischen Emittent und Rezipient her und hat dadurch eine starke zwischenmenschliche Komponente. Narrativen Strukturen ist eine gewisse Eindringlichkeit eigen, die bei unpassenden Themen leicht skurril wirken kann.

Die *deskriptive Themenentfaltung* ist etwas weniger intensiv und daher auch nicht ganz so bindungsstark wie die narrative. Sie eignet sich deshalb zur nüchterneren Darstellung von Sachverhalten, die mit geringerer Eindringlichkeit vermittelt werden können. Deskriptive Strukturen dienen der Beschreibung eines Themas und der Darstellung seiner Auswirkungen für die Beteiligten, können bei unpassenden Themen aber leicht die Textfunktion verfehlen.

Die *explikative Themenentfaltung* dient der Erläuterung eines Sachverhaltes. Ausgehend von einer Problemstellung, lassen sich in nüchterner Weise Einstellungen, Ansätze und Lösungen vermitteln, Kenntnisse vertiefen und Erkenntniswerte steigern. Vernünftige Handlungsempfehlungen treten hier am deutlichsten zutage, die zwischenmenschliche Komponente am stärksten in den Hintergrund. Explikative Strukturen fördern Einsicht und Verständnis, können allerdings bei unpassenden Themen schnell langweilig oder belehrend wirken.

Die *argumentative Themenentfaltung* dient der schlüssigen Darlegung der Sinnhaftigkeit. Hier kann der Rezipient nachvollziehen, warum es richtig, hilfreich und gut ist, etwas zu empfinden, zu denken, zu sagen oder zu tun. In dieser Struktur sind die wesentlichen Vorteile der obigen Superstrukturen enthalten, deren negative Komponenten aber nicht. Die argumentative Themenentfaltung halte ich für das Mittel der Wahl, da sie – mit hinreichend Übung und Erfahrung – auch auf kleinem Raum und in kurzer Zeit ihre volle Kraft entfaltet und dadurch im Vergleich zu den übrigen Strukturkonzepten mit Abstand an Effektivität und Effizienz gewinnt. Damit Sie die argumentative Themenentfaltung schnell und sicher umsetzen können, habe ich die TABEA-Formel entwickelt, die in Zukunft die AIDA-Formel als Strukturformel ablösen wird. Sie ist auf alle Strukturkonzepte anwendbar und setzt sich wie folgt zusammen:

1. Thema
2. Ausführung
3. Bekräftigung
4. Erkenntnis
5. Akzeptanz

Im *Thema* sind Sie frei, es kann eine Person, ein Gegenstand, ein Wissen, eine Handlungsempfehlung, eine Denkhaltung oder jede andere Entität sein, die sich textlich vermitteln lässt. Sie können es in einem Themasatz oder einem einzelnen

8 Vollständig schildern statt selektiv informieren

Themawort verdichten. In Anlehnung an die Linguistische Textanalyse Brinkers bezeichne ich diese Textelemente als *Triggersegmente*. Sie zeichnen sich durch einen hohen Mitteilungswert und starken Signalcharakter aus und sind in der Lage, dem Interesse der Rezipienten absolut zu entsprechen. Das setzt ausreichende Kenntnis über die jeweilige Interessenlage allerdings zwingend voraus. Wie Sie diese Kenntnis erlangen, werde ich später noch ausführlich darlegen. Ein Triggersegment hat den Vorteil, dass es Allgemeingültigkeit besitzt und bei allen Mitgliedern eines Themakreises den Wunsch nach Erkenntnisgewinn auslöst, also mehr über den wirklichen Wert, eine tiefe Bedeutung und einen zukünftigen Sinn erfahren zu wollen. Daher fördert es eine intensive Intersubjektivität, welche die Grundlage jeder positiven Gewinnkultur ist.

Die *Ausführung* beinhaltet alle Hintergrundinformationen, die das Thema und die Relevanz für den Rezipienten verdeutlichen. Hier können Sie darstellen, wie sich eine Situation gegenwärtig darstellt, wie ein Problem entstanden ist oder warum eine bestimmte Lage überhaupt als problematisch anzusehen ist. Sie können Lösungswege skizzieren und das Thema ausführlich von allen Seiten beleuchten. Erläutern Sie unbedingt, warum dieses Thema für Sie und den Rezipienten gleichermaßen von Bedeutung ist, so können Sie erste Brücken schlagen. Argumentieren Sie schlüssig, setzen Sie eine natürliche Logik und Sachkreativität ein. Verwenden Sie Spielkreativität und rhetorische Kniffe äußerst sparsam und nur mit sehr guter Begründung.

Eine *Bekräftigung* der Argumente sollte sich daran anschließen. Hier können Sie allgemeine Erfahrungen schildern, eine zukünftige Entwicklung skizzieren, Erlebnisse Dritter einfügen oder Testergebnisse vorstellen. Wichtig sind ein hohes Maß an Authentizität und Plausibilität, dazu genügen in den meisten Fällen bereits logische Schlüsse, die nachvollziehbar oder überprüfbar sind. Bekräftigungen dürfen keine Beteuerungen sein, sie basieren auf Treu und Glauben und sind in der werblichen Kommunikation in vielen Fällen kontraproduktiv.

Jetzt sollten Sie eine *Erkenntnis* formulieren, die sich aus dem oben Gesagten ergibt. Hierin liegen Nutzen, Werte und positive Gewinnziele für die Rezipienten. Aber auch eine Einsicht in die Problematik beziehungsweise Thematik, aus der bestimmte Empfindungs-, Denk-, Kommunikations- oder Handlungsweisen hervorgehen können, sollte an dieser Stelle vermittelt werden. Wichtig ist die Erkenntnis, dass die Rezipienten, wenn Sie Ihr Thema akzeptieren und den weiteren Ausführungen folgen, zu dem Schluss gelangen, bei Ihrer Adresse absolut richtig zu sein.

Die abschließende *Akzeptanz* fasst das Geschriebene in einem oder zwei Sätzen kurz zusammen. Ich empfehle den Aufbau einer Gleichung, auf deren einer Seite das Thema und auf deren anderer Seite die Erkenntnis steht. Oft sind solche Gleichungen Sätze, die *weil, darum, deshalb* oder ähnliche Adverbien beinhalten.

Hier wird dem Rezipient dahingehend versichert, dass das vorgestellte Thema für ihn tatsächlich nutz-, wert- und sinnvoll ist.

> **Praxistipp**
> Wer nur solche Informationen präsentiert, die seiner Sache dienen, manipuliert. Informieren Sie umfassend, um Loyalität zu gewinnen. Entdecken Sie das Wort „aber" neu: Das Produkt mag teuer erscheinen, aber… Sie müssen vielleicht etwas länger warten/weiter fahren/mehr Aufwand in Kauf nehmen, aber…

Literaturangaben und weiterführende Literatur

Brinker, Klaus. 2010. *Linguistische Textanalyse*. 7. Aufl. Berlin: Erich Schmidt.
Cuesta, J., R. Esteve, und G. Beilke. 2011. *Das Geheimnis der Brake Brakers*. Weinheim: Wiley-VCH.
Maslansky, M. 2012. *Die Sprache des Vertrauens*. Berlin: ambition.

Konjunktiv statt Imperativ

9

„Dranbleiben!" Mit diesem Schlagwort verabschiedet ein Fernsehsender seine Zuschauer in die Werbung. Wer so mit seinem Publikum spricht, lässt jeden Respekt vor der Entscheidungsfreiheit mündiger Bürger vermissen. Der Konsument als *be-* und *an*herrschbares Wesen, als Befehlsempfänger unter dem Kommando der Werbung. Jetzt Termin machen und probefahren! Testen Sie jetzt! Bestellen Sie noch heute! Die Werbetexte platzen vor Imperativen, und noch nie wurde eine Appellfunktion so offen, so unverhohlen gezeigt.

Aufforderungen gab es früher schon, dann aber wenigstens als Infinitivkonstruktionen, die immer noch ein starker Appellfaktor, aber wenigstens weder aufdringlich noch respektlos sind. Im heutigen Wettbewerb und beim gegenwärtigen Werbewiderstand sind sie alleine aber zu schwach. Werber haben daher im Kampf um Aufmerksamkeit und Absatzförderung jede Hemmung, jedes Interesse an Höflichkeit aufgegeben. Mit dem Verbraucher wird gesprochen wie mit einem trotzigen Kind. Wenn keiner zuhört, muss man deutlicher werden.

Über den Sinn und Wert von Imperativen ist hinsichtlich ihrer Illokution bereits früh viel geschrieben und gesagt worden. Es ist ersichtlich, dass er in strengen hierarchischen Strukturen zur Gefahrenabwehr oder Soforthilfe Verwendung finden muss. Dafür ist er gedacht und dort gehört er hin. Schließlich geht seine Bezeichnung auf den Imperator, den zur Befehlserteilung befugten Herrscher, zurück. Außerhalb militärischer Ordnungen finden wir die strenge Weisung in straff liniengeführten Unternehmen, in Prozesshierarchien und natürlich in allen zeitkritischen Polizei-, Feuerwehr-, Rettungs- oder Katastropheneinsätzen. Dort bedarf es klarer Verantwortlichkeiten und hoher Effektivität und Effizienz. Der Imperativ findet hier seine volle – und einzige – Berechtigung. Innerhalb eines Austausches zwischen

Gleichberechtigten oder gar gegenüber Höhergestellten wirkt der Imperativ peinlich deplaziert.

Vollendet grotesk wird der Imperativ, wenn er zu Handlungen auffordert, die außerhalb jeglicher Einflussmöglichkeit liegen. „Hol dir jetzt dein Exemplar und gewinne einen von zehn coolen Preisen!" – Loriot hätte seine helle Freude: Guten Tag, mein Name ist Lohse, ich soll hier einen Preis gewinnen.

Möglich und zu verbreiten ist das nur, weil zu viele Werber nicht mehr über die Verwendung von Sprache nachdenken. Was schlecht ist, wenn man durch Sprache Menschen bewegen will. Mir drängt sich die Frage auf, ob diese Menschen zuhause auch so sprechen. Zum Beispiel auf unserer Party. Stellen Sie sich ein Gespräch vor, in dem Ihr Gesprächspartner unvermittelt sagt: „Hier bleiben! Gleich geht es mit diesen Themen weiter ..."

Projizieren Sie den Imperativ im Geiste auf sich und Ihr Alltagsleben und lassen Sie die gewonnenen Eindrücke etwas auf sich wirken. Fühlen Sie sich unwohl? Warum glauben Sie, dass es Ihren Rezipienten anders geht?

Menschen lassen sich nicht gerne sagen, was sie tun sollen. Von Fremden oder Außenstehenden schon gar nicht. Übernehmen Sie nicht die strenge Elternrolle aus der Distanz, sondern positionieren Sie sich einmal mehr als Troubleshooter, der verständnisvoll und kenntnisreich Lösungsmöglichkeiten anbietet.

Dazu gibt es den Konjunktiv, die Form der Möglichkeiten, der Wahl, der freien Entscheidung. Dieses Thema ist aufmerksam zu behandeln. Es berührt einen wichtigen, grundlegenden Komplex. Die Entscheidungsfreiheit ist ein in der westlichen Rechtsstaatlichkeit kaum zu überschätzendes Gut. Die Möglichkeit der Wahl ist oberstes Menschenrecht und erste Bürgerpflicht. Sogar das wichtigste Gut, die Menschenwürde, darf angetastet werden, wenn man die Möglichkeit frei gewählt hat, an entsprechenden Handlungen teilzunehmen. Die Wahlfreiheit ist eine politisch, kulturell und gesellschaftlich enorm wichtige Entität, Sie sollten sie in der Werbung nicht nehmen.

Der Konjunktiv berücksichtigt das und erlaubt, mehrere Lösungswege oder Alternativkonzepte mit den entsprechenden Konsequenzen vergleichend nebeneinander zu stellen. Er kann somit ein Potenzial freisetzen, das dem Imperativ niemals zur Verfügung stünde. Sie können eine Argumentstruktur konzipieren, die den Rezipienten durch das Dickicht verschiedener Entscheidungsmodi zu einer singulären Entscheidungspräferenz führt.

Dazu stellen Sie nach der TABEA-Formel zwei oder mehrere Wahrscheinlichkeiten gegenüber und lösen sie im Akzeptanzteil zu einer Präferenz auf. Beachten Sie das Prinzip der Vollständigkeit. Wo Verbraucher handeln sollen, da sollen sie es aus Einsicht tun, nicht auf Befehl.

Für Sie heißt das: Imperativ abschaffen und Sympathiepunkte gewinnen!

> **Praxistipp**
> Zeigen Sie Möglichkeiten auf. Nichts inspiriert und motiviert Menschen stärker als Möglichkeiten für ein besseres Leben. Bieten Sie einen Weg, diese Möglichkeiten zu realisieren, gewinnen Sie einen treuen Freund.

Literaturangaben und weiterführende Literatur

Brinker, Klaus. 2010. *Linguistische Textanalyse*. 7. Aufl. Berlin: Erich Schmidt.
Frege, Gottlob. 2008. *Funktion, Begriff, Bedeutung – Fünf logische Studien*. Göttingen: Vandenhoeck und Ruprecht.

Universalwirkung statt Segmentwirkung

Werbung ist Marketingaufgabe. Funktionelle Werbung ist Chefsache. Werben ist in der Wirtschaft weiter verbreitet als angenommen, ich vermute, dass eine Führungskraft circa 75 bis 80 % ihrer Arbeitszeit mit Werben verbringt. Damit wird klar, dass mit *Werben* nicht nur das Anpreisen von Produkten gegenüber Verbrauchern gemeint sein kann. Werbung erstreckt sich auf das gesamte Verantwortungsfeld gegenüber den Stakeholdern und beinhaltet:

- Werbung um Stimmen und Mandate
- Werbung um Vertrauen und Verlässlichkeit
- Werbung um Wertschätzung und Akzeptanz
- Werbung um Inanspruchnahme einer Leistung
- Werbung um Verständnis und/oder Nachgiebigkeit
- Werbung um Verhaltensänderung
- Werbung um gesellschaftliche Veränderung
- Werbung um Gefolgschaft
- Werbung um Beteiligung

Der Wirkungskreis des Werbens erstreckt sich auf alle internen und externen Kontakte einer Unternehmung. Folglich darf sich Funktionelle Werbung nicht allein auf den Verbraucher beziehen, sondern muss die Informationsansprüche aller Anspruchseigner ihren Zielvorstellungen entsprechend bedienen.

Bisher musste für jedes dieser Segmente eine separate Agentur mit einem separaten Konzept beschäftigt werden, die dann mit dem übergeordneten Konzept der integrierten Kommunikation vereinheitlicht wurden (Segmentwirkung).

Diese Tage sind vorüber. Funktionelle Werbung bringt den Informationsanspruch aller Anspruchseigner in einem einzigen Konzept unter Dach und Fach und arbeitet dadurch beispiellos kosteneffizient (Universalwirkung). Gleichzeitig überbrückt sie endlich den als unüberwindbar geltenden Graben zwischen PR und Werbung.

Das funktionelle Konzept wird dadurch zum effizienten Führungs- und Entwicklungsinstrument, das in allen Bereichen eines Unternehmens eingesetzt werden muss. Die Werbung tritt aus der isolierten Kundenkommunikation heraus und in die Verantwortung der internen und externen Unternehmenskommunikation ein, in der sie die Führungskraft bei ihren täglichen Aufgaben effektiv unterstützt.

Einsatzbereiche sind die kommunikativen Aufgaben gegenüber der Interessen aller internen und externen Stakeholder:

1. Eigentümer: Kapital- oder Unternehmenseigentümer haben Interesse an Einkommen, Gewinn, Werterhaltung und -steigerung, Autarkie, Reputation und Einflussnahme, Verwirklichung des Unternehmens- und Geschäftskonzeptes.
2. Management: Führungskräfte haben Interesse an Einkommen, sozialer Absicherung, Talententfaltung, Wirtschaftskontakten, Anerkennung.
3. Mitarbeiter: Angestellte haben Interesse an Einkommen, sozialer Absicherung, Stärkenentfaltung, menschlichen Kontakten, Anerkennung.
4. Investoren: Kapitalgeber haben Interesse an Investitionssicherheit, Zinszuwachs, Vermögenszuwachs, Unternehmensförderung.
5. Vertragspartner: Kooperationen und Lieferanten haben Interesse an stabilen Geschäftsbeziehungen, fairen Konditionen, Verlässlichkeit.
6. Kunden: Verbraucher haben Interesse an individuellen Marktleistungen, unternehmerischer Verantwortung, Service, guten Preisen, Qualitätssicherheit u. v. a. m.
7. Wettbewerb: Konkurrenten haben Interesse an fairer Behandlung, Gesetzes- und Regeltreue, Kooperationsmöglichkeiten, guten Existenz- und Wachstumsbedingungen.
8. Öffentlichkeit: Staat und Gesellschaft haben Interesse an Steuerzahlungen, Arbeitsplatzschaffung und -erhaltung, Sozialleistungen, Infrastrukturverbesserungen, Gesetzes- und Regeltreue, Bildungsbeiträgen, Umwelt- und Ressourcenerhaltung und -wiederaufbau.

Sie können eine oder mehrere beliebige Stakeholder nennen und mit einem oder mehreren beliebigen Interessen verbinden, der Austausch zwischen beiden wird immer über die Werbung stattfinden. Das erhebt sie zur machtvollen Führungsaufgabe und öffnet Führungskräften und Werbeagenturen eine Vielzahl neuer,

10 Universalwirkung statt Segmentwirkung

kostbarer Möglichkeiten. Zuvor ist es wichtig, sich über zwei zentrale Begriffe näher Gedanken zu machen: Interesse und Führung.

Zunächst einmal ist es wichtig, zwischen Einzel- und Allgemeininteresse zu unterscheiden. Das Einzelinteresse unterteilt sich wiederum in Eigen- und Fremdinteresse. In der subjektiven Bewertung werden Eigeninteressen gegenüber Fremdinteressen oft höher eingestuft, was es zu korrigieren gilt.

Ferner ist zu berücksichtigen, dass Interessen nicht vernachlässigt, geringgeschätzt oder gar abgelehnt werden dürfen, sie sind eine wesentliche Triebfeder menschlichen Empfindens, Denkens, Sprechens und Handelns und müssen entsprechend wertschätzende Behandlung erfahren.

Das Interessante ist auch das, was unsere Zuwendung erfährt, was wir anerkennen, was es für die Werbung im Hinblick auf die bereits besprochene *relaxed alertness* besonders bedeutend macht. Sich mit Interessen auseinanderzusetzen und sie gleichberechtigt zu behandeln, ist ein probates Mittel zu Vorbeugung von Interessenkonflikten, die dann entstehen, wenn divergente Interessenlagen zu widerstrebenden Ergebnissen oder Dissens führen.

Das Schöne am Interesse ist seine Vielseitigkeit, die es Führungskräften und Werbenden erleichtert, auf zahlreichen Ebenen Zugang zu den Menschen zu finden und mit ihnen in Beziehung zu treten. Materielles Interesse ist dabei nur der in der Wirtschaft vorrangige Grund. Darüber hinaus besteht gleichzeitig Interesse an geistigen, zwischenmenschlichen, intellektuellen, wissenschaftlichen, kulturellen, politischen, religiösen und künstlerischen Themen. Diese zu ergründen und in der Kommunikation aufmerksam zu thematisieren, kann von unschätzbarem Wert sein. Wer lernt, die Interessen geschickt zusammenzuführen, wird in der Lage sein, Konkurrenzen und Konflikte zu vermeiden oder aufzulösen und so Kooperation und Konsens zu erzeugen.

Das bringt mich zum zweiten wichtigen Thema, der Führung. Sie wird häufig in der Linienführung verwirklicht, und auch wenn die Hierarchien immer flacher werden, bleibt meist eine entscheidende, verantwortliche und somit „oberste" Instanz: der Leiter oder die Führungskraft. Schon Friedrich II, König von Preußen, erkannte den Wert der kollegialen Truppenstruktur, der Interaktion „auf Augenhöhe". „Primus inter pares" (Erster unter Gleichen), war seine Führungsauffassung, was natürlich ein guter Wille bleibt, da es Linienführung kaschiert, aber faktisch bestehen lässt.

Überhaupt plädiere ich dafür, den Führungsgedanken und die daraus resultierenden Führungsansprüche und -aufgaben neu zu denken. Führung wird vom lateinischen manum agere her verstanden, an der Hand führen, aus dem der Begriff „Management" entstanden ist. Dieses Sprachbild zeigt einen Menschen, der vor anderen hergeht und diese an der Hand nach oder mit sich führt. Folgsamkeit und Nachahmung entspringen diesem Vergleich. Die Folgenden haben dann nichts weiter zu tun, als dem Vordersten zu folgen und darauf zu vertrauen, dass er weiß, wo es langgeht. Selbstständigkeit wird auf diese Weise unterbunden, das Gefolge gerät in Abhängigkeit. Das macht das Führen leichter, denn wenn niemand den Überblick hat, findet sich auch keine Kritik.

Das Problem aber besteht darin: Viele Augen sehen mehr als zwei und die Begleiter haben eine eigene Position, von der aus sie ihren Ausschnitt des Geländes optimal einsehen können. Jeder weiß in seinem Bereich am besten, wie er zu gehen hat. Fordert und fördert der Verantwortliche diese Blickwinkel der einzelnen Positionen, ist er in der Lage, das Suchen und Finden neuer Wege und Auswege besser zu koordinieren. Aus diesem Verständnis geht die Führungskraft nicht als Leitung im Sinne der Lenkung, sondern als Verantwortliche im Sinne der Verbindung hervor. Sie verbindet alle Interessen und Blickwinkel, alle Erfahrungen und Erkenntnisse, alle Fähigkeiten und Möglichkeiten zu einem sinnvollen Identitäts- und Handlungskonzept.

In diesem Zusammenhang möchte ich auf einen wesentlichen Punkt zu sprechen kommen, der die Differenzierung und Alleinstellung betrifft. Sie unterliegen der Führungsverantwortung und werden oft vernachlässigt oder an Marketingabteilungen beziehungsweise Werbeagenturen ausgelagert. Ein kopiersicheres, wettbewerbsrelevantes Alleinstellungsmerkmal ergibt sich aus der sogenannten *Emergenz*. Sie bezeichnet eine Eigenschaft, die aus den Teilen eines Zusammenschlusses entsteht, ohne dass sie in einem der Teile bereits vorhanden wäre. Kurz gesagt:

▶   Das Ganze ist mehr als die Summe seiner Teile!

In viel zu vielen Fällen wird dieser Grundsatz unterschätzt, weil die Führungskraft ein einzelnes Merkmal einer Komponente vorgibt, oder – schlimmer – von Kreativstrategen eines erfinden lässt. Hierin liegt ein Versagen einer wichtigen Führungsfunktion. Aus vielen einzelnen vorhandenen Eigenschaften ist durch kunstvolles Zusammenführen eine übergeordnete Eigenschaft zu finden, die keine der Komponenten bereits enthält. Sie kann nirgendwo ein zweites mal existieren, weil die Zusammensetzung immer eine andere ist. Alle Menschen bestehen aus denselben wenigen Aminosäuren. Die genetischen Unterschiede, die sie bewirken, machen jeden einzigartig.

Die Emergenz ist eine der wichtigsten Führungsaufgaben überhaupt. Führungskräfte und Werbeagenturen sind gut beraten, frühzeitig und intensiv zu kooperieren und einen regen Austausch über Interessen zu führen, um kein, auf den heutigen Märkten bitter nötiges, Wettbewerbspotenzial zu vernachlässigen. Alle Fähigkeiten, alles Können, alles Wissen und auch alle Umstände sind bereits vorhanden, Innovationen sind weitgehend verzichtbar, Change-Management in vielen Fällen auch, wenn die oberste Priorität in den Vorstands- und Leitungsetagen wieder zusammenführen bzw. verknüpfen lautet.

Eine weitere für das funktionelle Führungsverständnis wichtige Funktion sehe ich im Diskurs. Diese Abwendung von der Weisungshierarchie schafft unverzichtbare Unternehmenswerte, stabile und dauerhafte Bindungen und eine um ein Vielfaches verbesserte Produktivität der Faktoren Wissen, Zeit, Arbeit und Geld. Zudem lassen sich alle erfolgskritischen Friktionen und Konflikte präventiv oder kurativ behandeln.

Diskursives Management ist ein Management des Austausches und bedient damit die Grundfunktion offener Systeme, zu denen die Wirtschaft, aber auch der Mensch und seine Umwelt gehören. Später wird über das diesen Überlegungen zugrunde liegende *Funktionelle Phasenmodell* noch ausführlicher zu sprechen sein. An dieser Stelle nur so viel, dass Führungskräfte, die Verbindungskräfte sind, sich auf den Austausch konzentrieren müssen, wenn sie überdurchschnittliche Erfolge für sich und ihren Verantwortungsbereich verbuchen wollen.

Damit meine ich nicht die Kommunikations-, Managementrhetorik- oder Mitarbeitergesprächsseminare, die im Übermaß angeboten werden. Sie sind sicher auf ihre Weise hilfreich, werden aber dem Kern des Führungsgedankens nicht annähernd gerecht.

Diskursives Management schafft argumentierende Kommunikation und ist daher aller Polemik und stumpfer Meinungsmache, wie sie in vielen Betrieben zu finden sind, gegenüber resistent und überlegen. Es fördert das dialogische, kollektive Voraus-, Mit-, Um- und Nachdenken und setzt dadurch wertvolles Potenzial zur Unternehmenszukunft und -entwicklung frei. Personalentwicklung, Ertragspotenzialförderung, Betriebswert- und Unternehmensgewinnsteigerung, Produktinnovationen, niedrige Eintrittsbarrieren, Verhalten auf dem Markt, Reputationsgewinn, Krisenresistenz, persönliche Resilienz, Arbeitsplatzsicherheit und zahlreiche andere Aufgaben lassen sich mit diskursiv geprägtem Führungsverständnis steuern und optimieren.

Das diskursive Management ist hervorragend dazu geeignet, Störungen, Unklarheiten oder Konfliktsituationen mit problematischer Tendenz sicher zu beheben oder von vorneherein auszuschließen. *Diskursive Erkenntnisse* verankern sich in einem besonderen Maße und werden, anders als Weisungen, vom Betroffenen selbst als überaus wertvoll erkannt und entsprechend engagiert umgesetzt, im Gegensatz zu der weitverbreiteten *intuitiven Erkenntnis*. Sie sind das Mittel der Wahl bei allen problemrelevanten Fragen und können auf jeder Ebene wirkungsvoll ausgeführt werden. Sie dienen der Verknüpfung der Interessen aller Beteiligten und vereinfachen die Kernaufgaben der Führungskraft. Die Hauptbestandteile des Diskurses sind die Frage und die Argumentation. Jede Führungskraft tut gut daran, einen Fragenkatalog zu erarbeiten, den sie mit allen Stakeholdern durchgeht. Ein anschließender Diskurs wird dann Erkenntnisse darüber liefern, wie konkret zu verfahren ist.

> **Praxistipp**
> Bitten Sie um Meinungen, Ansichten, Einschätzungen und Vorschläge. Bitten Sie um Mitwirkung. Stellen Sie aus den gewonnenen Informationen ein Wertesystem zusammen. Nehmen Sie es als Entscheidungsgrundlage.

Literaturangaben und weiterführende Literatur

Ebeling, K., und M., Gillner, Hrsg. 2014. *Ethik, Kompass*. Freiburg: Herder.
Frege, Gottlob, 2008. *Funktion, Begriff, Bedeutung – Fünf logische Studien*. Göttingen: GöttingenVandenhoeck und Ruprech.

Entscheidungshoheit respektieren statt Entscheidungsgewalt übernehmen

11

Ein wichtiges Thema bei allen Werbemeetings ist die Frage nach den *Hoheitsgebieten*. Hier ist nun endlich einmal Gelegenheit, die Hoheitsrechte endgültig zu verteilen. Agenturen und Auftraggeber streiten sich regelmäßig über den Führungsanspruch und zwar ohne Ausnahme unter Ausschluss der Verbraucher. Diese haben bei der Konzeption und Gestaltung von Werbebotschaften offensichtlich nicht mitzureden, obwohl sie es sind, die sich die Botschaften anschauen oder anhören sollen.

Wer wofür wann zuständig ist, wird immer aufs Neue entschieden, manchmal sogar mehrfach während eines Auftrages. Interne Friktionen sind an der Tagesordnung, Luft verschafft man sich auf dem Flur oder im Pausenraum mit den Kollegen, bevor man sich wieder in das Haifischbecken begibt.

Es ist allerdings nicht hilfreich, so zu tun, als gäbe es keine Verantwortlichkeiten und damit auch keine Hoheitsrechte. Die gibt es und ich schlage eine einfache und wirksame Einteilung vor.

Was das Werben betrifft, so empfehle ich folgende Trennung:

1. Entscheidungshoheit
2. Verfahrenshoheit
3. Vermittlungshoheit

Die *Entscheidungshoheit* liegt bei den Verbrauchern. Sie müssen in ihrer Entscheidungsfreiheit respektiert und unterstützt werden. Dieses Hoheitsrecht ist ein kritisches: Entscheidungen brauchen umfassende Information, Weitsicht, Erfahrung und das Gefühl subjektiver Sicherheit. Entscheidungen sind ein bedeutender Prozess und verbinden Menschen umso stärker, je mehr man sie in diesem Recht bestärkt.

Die Entscheidungsfindung setzt Urteilskraft und Freiheit voraus, Zwanglosigkeit und Interesse. Das angedeutete Wissen um Konsequenzen ist hilfreich, darf aber nicht zum Zweck des Druckaufbaus angeführt werden, da es sonst die Entscheidungsfreiheit beeinträchtigt. Wichtig zu wissen ist, dass Entscheidungen beschränkt werden müssen, da sie sonst unkontrollierbare Wucherungen nach sich ziehen können. Zu viel entscheiden zu müssen ermüdet auch geistig belastbare Menschen in kurzer Zeit. Das müssen Sie im Design Ihrer Entscheidungskonzepte zwingend berücksichtigen. Niemals dürfen Sie mündigen, selbstständigen Persönlichkeiten eine Entscheidung vorgeben oder Ihnen keine Wahl lassen. Man wird Ihnen das nicht durchgehen lassen. Die Folge sind Vertrauensentzug und Ignoranz.

Die *Verfahrenshoheit* liegt bei dem Unternehmen, das die Werbemaßnahme in Auftrag gibt und in dessen Namen geworben werden soll. Hier ist der Identitätswert von hoher Bedeutung. Da das Unternehmen die Maßnahme nicht selbst erzeugt, sondern Dritte beauftragt, ist die Gefahr groß, dass es sich für Dinge rechtfertigen muss, die nicht in seiner Verantwortung liegen. Immer wieder beklagen sich Unternehmen, sie seien verfremdet dargestellt worden und hätten die Werbewirkung mit der tatsächlichen Unternehmenswirklichkeit nicht in Einklang bringen können – ein typischer Dissens bei unklaren Hoheitsverteilungen. Das Unternehmen ist sich selbst am nächsten und kennt sich besser und länger als jeder Außenstehende. Dieser Umstand ist immer und absolut zu berücksichtigen. Welche Inhalte, Verfahren und Medien zur Wahl stehen, in welcher Zeit, für wie lange und zu welchen Konditionen ist das ausschließliche Hoheitsgebiet der Unternehmen. Hier ist auch zu entscheiden, welches Team an der Konzeption des Entscheidungsdesigns für die Verbraucher beteiligt sein soll. Ich rate dazu, dem Stab aus Werbefachleuten und Top-Management einige intime Kenner aus der Produktionsebene des Unternehmens hinzuzufügen und diese Runde um zwei Mitglieder der Unternehmensbasis zu erweitern. Besonders effektiv ist das Einbeziehen von Kundenmeinungen in den Prozess der Kommunikationsplanung. Das ist ein ungewöhnliches Verfahren, ist aber dafür auch ungewöhnlich produktiv und stärkt den Zusammenhalt und das Gemeinschaftsempfinden. Zudem wird eine stabilere Datenbasis geschaffen, und die Ergebnisse bleiben genauso bodenständig und fundiert, wie die Verbraucher es schätzen.

Die *Vermittlungshoheit* schließlich liegt bei der Agentur. Sie sind gut beraten, das zu akzeptieren. Gerade kleinere Agenturen, die sich noch nicht den Ruf als Kommunikationsexperten erworben haben, bekommen von den Auftraggebern, die sich noch nicht den Ruf als werbeerfahrene Unternehmen erworben haben, immer erst mal eine E-Mail zugestellt, deren Betreff *Entwurf* lautet.

Ein Agenturleiter sagte mir einmal in einer vertraulichen Runde: „Meine Kunden *wissen* alles besser und *können* alles besser, die Tatsache, dass es nicht besser läuft, liegt daran, dass ihnen einfach die Zeit fehlt, es auch besser zu *machen!*"

Wer seine Agentur so behandelt, sollte sich nicht wundern, dass die Zusammenarbeit von Lustlosigkeit und Frust geprägt ist. Halten Sie sich an Ihren gesunden Menschenverstand und vertrauen Sie auf das Vermittlungsgeschick der Profis. Wie man welche Informationen zu welchen Interessen an welche Stakeholder mit welchen Mitteln vermittelt, wissen erfahrene, besonnene und verantwortungsvolle Agenturen am besten. Sie kennen den Mitteleinsatz und die Medienlandschaft und finden sich auch unter widrigen Bedingungen darin zurecht. Werber sind keine Erfüllungsgehilfen oder gar bloße Handlanger, sondern findige, versierte und kritische Kommunikationsfachkräfte, die jedem Unternehmen unschätzbar wertvolle Wachstumsimpulse geben können.

Damit ist die Regel vom Kunden als König nicht etwa vom Tisch – sie bleibt weiterhin bestehen, da ohne die Kunden keine Agentur und kein Unternehmen in einer freien Marktwirtschaft Sinn findet. Er ist nur eben nicht der einzige. Hat man das Hoheitsgleichgewicht austariert und fördert es in seinem Bestand, erkennt man: Der Kunde ist König – zu Besuch bei Königen und auf dieser Ebene erschließen sich zahlreiche interessante Möglichkeiten. Zudem ersparen Sie sich und anderen Verluste aus Kompetenzstreitigkeiten.

Praxistipp
Respektieren Sie andere Ansichten und Entscheidungen. Setzen Sie auf Interaktion. Informationen haben eine Wechselwirkung. Dazu braucht man Austausch. Achten Sie darauf, wie bestimmte Informationen den Kommunikationsprozess und die Kommunikationswirkung beeinflussen! Notieren Sie Ihre Beobachtungen.

Empathischer Intellekt statt kreatives Entertainment

12

Über Unterhaltungsansprüche in der Werbung ist viel philosophiert, referiert und demonstriert worden. In langen Präsentationen oder Pitches werden Werbekonzepte vorgestellt, bei denen nicht selten die Frage offen bleibt, was die Agentur ausdrücken will und warum der Verbraucher Gefallen an dem beworbenen Produkt finden soll, wenn er den Spot gesehen hat.

Die Märkte seien annähernd gesättigt, heißt es dann, man müsse die Verbraucher unterhalten, *entertainen*, ihnen *fun* bieten, sonst verlöre man sie völlig. Mit biederer Information könne man niemanden mehr erreichen, das Schlimmste sei es zu langweilen, man müsse mit der Zeit gehen und, und, und ...

Ich bin der Meinung, dass diese Aussagen aus einem falschen Blickwinkel heraus getroffen werden und darauf beruhen, dass man sich von den eingangs erwähnten *Gendefekten* der Werbung noch nicht befreien konnte. Werbung, die spaßig daherkommt, ist weit verbreitet, fast obligatorisch und immer öfter fragen Verbraucher, warum Unternehmen sich freiwillig so lächerlich machen.

Das ist natürlich die schärfste und seltenste Form der Werbekritik, am Stellenwert der Unterhaltung in der Branche wird es aber nichts ändern. Man muss Produkte nicht um des Humors willen in spaßige Kostümierung kleiden, Unternehmen nicht witzig darstellen oder Dienstleistungen verspielt verpacken, der Schuss geht in der Hyperaktivität der Comedy immer häufiger nach hinten los.

Hier breche ich einmal meine Regel der fehlenden Beispiele. Erwachsenen Menschen wird ein Schleimlöser bei Bronchialerkrankungen mit der Erklärung vermittelt, dass Schleimmonster an der Produktion des lästigen Sekretes Schuld hätten. Dass man damit nicht ernst genommen werden kann und sich Verbraucher schlicht veralbert fühlen, ist weder in der Agentur noch in der verantwortlichen Unternehmensebene jemandem in den Sinn gekommen. Warum nicht?

Der Schauspieler Joachim „*Blacky*" Fuchsberger äußerte in einer Talkshow vor einiger Zeit folgende Einschätzung, als er auf das Thema Werbung zu sprechen kam: „*Manchmal frage ich mich, sind das Idioten oder arbeiten die für Idioten…?*" Die Formulierung mag kränkend sein für den, der klug genug ist, sie auf sich zu beziehen, denn Fuchsberger ist nur *einer*, der es äußert. Wie viele werden ihm wohl schweigend, aber lebhaft zustimmen? Es zeigt aber auch, dass nicht nur die Agenturen in der Qualitätsverantwortung gesehen werden, sondern auch die Entscheider in den Unternehmen.

Die Frage bleibt bestehen. Es ist eine Sache, einen fragwürdigen Spot zu kreieren, eine ganz andere ist es, ihn für sehr viel Geld und mit allen Konsequenzen zu kaufen. Helmut Maucher, eine der großen Unternehmer- und Managementlegenden, hat sich als einer von wenigen Konzernlenkern mit dem Thema Unterhaltung in der Werbung auseinandergesetzt. Seine Einschätzung fällt entsprechend aus:

> Heute sieht man oft Werbung, die angeblich kreativ sein und Emotionen wecken soll. In Wirklichkeit sind es aber allzu oft nur irgendwelche fragwürdigen Gags, die überhaupt nicht dazu beitragen, dass mehr verkauft wird. Häufig ist es doch so, dass man gar nicht weiß, worum es in einem betreffenden Werbespot geht. Nur schade, dass das auch noch der Profilierung bestimmter Werbeleute dient, die sich abends mit ihren Kollegen im Bistro treffen. Und das Schlimmste ist, dass sich einzelne Unternehmen diesen Quatsch gefallen lassen, weil sie nichts von der Sache verstehen oder einfach „modern" sein wollen.
> (Helmut Maucher 2012, S. 173)

Lassen Sie sich von der Heftigkeit dieser Worte nicht einschüchtern und verstehen Sie mich richtig: Es spricht nichts dagegen, sich abends mit Kollegen im Bistro zu treffen, den Rest aber sollten Sie sich zu Herzen nehmen, denn Herr Dr. Maucher ist mit seiner deutlich ausgesprochenen Kritik vermutlich nicht der Einzige. Er ist bekannt dafür, seine Worte weise zu wählen und glücklicherweise gibt es ja Abhilfe.

Das kreative Entertainment ist meines Erachtens anderen Gattungen vorbehalten: dem Film und dem Fernsehen beispielsweise, dem Theater, der bildenden Kunst, der Musik oder der Belletristik. Werbung ist eine spezielle Richtung innerhalb der Kommunikationssysteme und stellt eigene Anforderungen an sich selbst, den Emittenten, das Medium und die Rezipienten.

Kreativität ist ein Begriff, dem man sich intensiver widmen muss. Insbesondere, wenn es um Werbung geht. Ich habe ihr ein eigenes Kapitel gewidmet.

Unterhaltung ist ein Thema, das ich einführend bereits angesprochen habe. Für die Werbung gilt, dass sie die Unterhaltungsformate unterbricht und deswegen nicht selbst unterhaltsam, sondern erkenntnis-, aufschluss- und hilfreich sein muss.

Zudem wissen die meisten Menschen in der heutigen Gesellschaft vor lauter Unterhaltungsangeboten ohnehin schon nichts mehr mit sich anzufangen, ein zusätzliches Angebot gewinnt in einem solchen Umfeld nicht an Reiz. Des Weiteren hat Unterhaltung einen Zerstreuungseffekt, dient also dazu, sich abzulenken und sich eben nicht auf komplexe Inhalte zu konzentrieren, was Werbung aber eigentlich anstreben sollte. Dass den Unternehmen dann nichts anderes übrig bleibt, als permanente, gehirnwäscheartige Wiederholungen zu fahren, scheint fast der einzige Ausweg aus dem selbstverursachten Dilemma. Ich sehe hierin einen Hauptgrund für künstlich überhöhte Werbekosten.

Andere Punkte gilt es zu fixieren: die Empathie und den Intellekt. Hierin sehe ich die schnellste, einfachste und günstigste Methode für Unternehmen zu werben und einen wirklichen Gewinn für Verbraucher, die dann auch wieder eine positive Haltung gegenüber Werbeunterbrechungen einnehmen können.

Empathie ist ein wichtiger Schlüsselwert in der Unternehmenskommunikation und besonders in der distanzüberwindenden Form der Werbung. Seit Giacomo Rizzolatti und sein Team 1995 die sogenannten Spiegelneuronen entdeckten, wird Empathie auch zum Gegenstand neurologischer und neuropsychologischer Forschung. Spiegelzellen dienen der Widerspiegelung eines beobachteten Verhaltens zur Überwindung sozialer Distanz und persönlichen Entwicklung. Während ein frühkindliches Gehirn kaum aus anderen zu bestehen scheint, nimmt die Zahl der Spiegelneuronen im Laufe des Lebens ab. Der Grund liegt darin, dass wir mit wachsender Lebenserfahrung immer weniger spiegeln müssen, da wir die sozialen Muster ja bereits erfahren haben. Wem diese Möglichkeit im Kindesalter fehlt, der tut sich im hohen Alter schwer mit interaktiven Bindungen. Erwachsene können also an Augenstellungen erkennen, ob ein Mensch in einer guten, schlechten, hilfsbedürftigen oder gefährlichen Stimmung ist, ohne je seine Bekanntschaft gemacht zu haben. Je nach Physiognomie oder Schönheitschirurgie liegt man damit auch schon mal falsch, in den meisten Fällen aber wird man dieser ersten Einschätzung vertrauen können.

Was mich zum nächsten Stichwort führt: Vertrauen. Ein Mensch, der unser Verhalten spiegeln und damit vermutlich nachempfinden können wird, ist uns spontan ähnlich. Das senkt die Gefahr von Missverständnissen und erzeugt ein Gefühl subjektiver Sicherheit. Spiegeln schafft eine so verlässliche Vertrauensbasis, dass es zum festen Bestandteil von Management- und Führungsseminaren geworden ist – mit fragwürdigem Erfolg. Empathie ist ein Akt des aufrichtigen Mit- und Nachempfindens, das kann man nicht erlernen, man muss es erleben, erfahren. Begehen Sie nie den Fehler falscher Spiegelung, das ist Nachäffen und wirkt höchst beleidigend und entwürdigend.

Spiegelneurone und Lebenserfahrung sind also wichtige Voraussetzungen dafür, wie schnell Menschen einander vertrauen und sich an-vertrauen. Unternehmen, denen man sich oder seine Familie anvertraut, sollten sich mit der Frage nach Empathie aufmerksam beschäftigen.

Grundlage der Empathie ist die Anerkennung, von der ich eingangs bereits gesprochen habe. Es ist anzuerkennen, dass der Mensch bestimmte Vorstellungen und Fragen, Wünsche und Forderungen hat, die wir akzeptieren und diskursiv erörtern müssen. Das ist zwar wenig unterhaltsam und arbeitsreich, es ist aber auch in hohem Maße verbindlich und hilfreich. Empathie versetzt uns in die unschätzbar wertvolle Lage, die Welt mit Augen zu sehen, die nicht unsere sind. Was wir dadurch wahrnehmen, ist so vielfältig, intensiv und faszinierend, dass ich mich frage, warum sich Agenturen noch immer mit so etwas Oberflächlichem und Langweiligem wie Unterhaltung beschäftigen.

Die Psychologie unterscheidet zwei Empathieformen:

1. **Kognitive Empathie**: Hier können Menschen *erkennen*, was ein anderer Mensch fühlt.
2. **Emotionale Empathie:** Hier können Menschen *empfinden*, was ein anderer Mensch fühlt.

Zumindest die erste dieser Formen sollte zentraler Übungs- und Wirkungsgegenstand jeder Werbeüberlegung und Werbetätigkeit werden. Nicht unterschlagen werden darf aber auch, dass der Empathie eine Missbrauchsgefährdung innewohnt. Vorgetäuschte Empathie kann zur gezielten Manipulation eingesetzt werden und Machtmissbrauch begünstigen. Besonders der Vertrieb fragwürdiger Produkte kann mit künstlicher Empathie vorangetrieben werden, was dem Fortschritt eher schadet als hilft.

Dabei kommt ein weiterer Aspekt zum Tragen: die empathischen Attribute. Nicht jede Eigenschaft und nicht jeder Wert sind also empathisch. Der Philosoph Baruch de Spinoza definiert in seiner Schrift zur Ethik Attribute als die Aspekte, Äußerungen beziehungsweise Offenbarungsweisen oder Annahmen und Berechnungen der eigenen Substanz, die der menschliche Intellekt erkennen kann.

Womit ich zu einem weiteren, zentral bedeutsamen Begriff für die zukünftige Werbung komme, dem Intellekt. Er beinhaltet die Fähigkeit, diejenigen Attribute zu isolieren, die sich auf eine bestimmte Interessenlage beziehen. Hier kommt erneut die Funktion der Relativität zum Tragen, auf die sich die gesamte Funktionelle Werbung gründet. Bezug herzustellen und die sich aufeinander beziehenden Entitäten zu definieren, ist der Gegenstand des Intellektes. Er sorgt, sofern er ansprechend stimuliert wird, für nachhaltigen, wertvollen Erkenntnisgewinn.

Intellekt ist Voraussetzung für eine tiefgründige Auseinandersetzung des Menschen mit seiner Lebensumgebung. Da Menschen zu den offenen Systemen gehören, stehen sie, wie ich an anderer Stelle differenzierter ausführen werde, in einem permanenten Stoff- und Themenaustausch mit ihrer Umwelt. Dabei erfahren sie einen chaotischen Strom einzelner Informationseinheiten, die auf ihre Wertigkeit hin geprüft und kategorisiert werden müssen.

Um diese Aufgabe in kurzer Zeit relativ zuverlässig zu bewältigen, gibt es den Intellekt, der es erlaubt, schnelle Erkenntnisse aus der Informationsdichte zu isolieren und in einen sinnvollen Zusammenhang zu bringen.

Es geht also um Erkenntnisgewinn. Für die Werbung bedeutet das, sich von der Unterhaltungsfixierung zu lösen und empathische Attribute den Intellekt stimulierend zu vermitteln. Davon profitiert zuallererst einmal der Verbraucher, der sich seiner Lebenszeit nicht mehr durch lächerliche Schleimmonster-Beiträge beraubt sieht, sondern intellektuell gefordert wichtige Impulse zur Vereinfachung, Verbesserung oder Verschönerung seines Lebens aus den Unternehmensäußerungen erkennen kann.

Empathischer Intellekt ist die Fähigkeit des Mit- oder Nachempfindens und damit die Möglichkeit, von Erfahrungen und Erkenntnissen zu profitieren, die man selber nicht erlebt hat. Die Werbung hat darin eine Riesenchance, die sie im wörtlichen Sinne nicht zugunsten fragwürdiger Gags verspielen sollte.

Praxistipp
Schildern Sie Entwicklungen oder Situationen aus Sicht der Zuhörer. Binden Sie sich emotional in deren Leben ein und stellen Sie fest, wie die Bedingungen mit Ihrem Angebot korrespondieren. Nehmen Sie notfalls Veränderungen vor – am Angebot und an den Bedingungen. Seien Sie sensibel und entschlossen und denken Sie daran, dass es manchmal sinnvoller ist, einfach neu zu bauen, statt aufwändig zu restaurieren. Soll heißen: Brechen Sie festgefahrene Kampagnen ab und starten Sie neu.

Literaturangaben und weiterführende Literatur

Maucher, H., F. Malik, und F. Farschtschian. 2012. *Maucher und Malik über Management*. Frankfurt a. M.: Campus.
Ebeling, K., und M. Gillner. 2014. *Ethik Kompass*. Freiburg i. Br.: Herder.

Umfeldfokussierung statt Egozentrik 13

Egozentrik überwinden. Wenn es auf der Welt nur ein einziges Gesetz geben dürfte, dann sollte es dieses sein. Der Mensch steht nicht im Mittelpunkt der Welt, sondern ist interaktiver Bestandteil ihrer Bedingungen und Beziehungen.

Das klingt selbstverständlich, ist es aber nicht. Das egozentristische Verständnis entspricht nämlich durchaus den natürlichen Bedingungen. Jeder Mensch erlebt die Welt aus seinem individuellen Blickwinkel, von seiner persönlichen Position aus und erschließt sich so seinen Standpunkt in der Welt. Von einem Individuum ausgehend, in dem die Persönlichkeit sitzt, beginnt die Welt. Das Individuum begreift die Umwelt von sich aus nach außen.

Findet man alte Donald Duck-Hefte, neuere habe ich darauf hin nicht überprüft, sieht man die oben aufgestellte These in *Sehstrahlen* verdeutlicht. Von den Augen der Figuren aus geht eine gestrichelte Linie zu dem Betrachtungsgegenstand hin und trifft auf ihn mit einer Pfeilspitze. Der Sehstrahl geht vom Auge aus zum Objekt. Tatsächlich ist es genau anders herum, die Lichtstrahlen gehen von einer Lichtquelle aus, prallen von der Objektoberfläche ab und erreichen schließlich das Auge. Die visuelle Information geht also – anders als der Pfeil es bei Walt Disney darstellt – von außen nach innen. Mit den akustischen und allen anderen Informationen ist es natürlich genauso.

Der Grund dafür liegt in einem evolutionären Dilemma. Aus Sicherheitsgründen ist das Gehirn als zentrale Steuereinheit in einer Flüssigkeit gelagert, von einer geschlossenen, dicken Kalotte umhüllt, die noch einmal mit einer stoßfedernden Schwarte gepolstert ist. Es besitzt keinen unmittelbaren Zugang zu der Welt, in der es sich in Verantwortung für alle anderen organischen Bestandteile zu bewegen hat und mit der es einen intensiven Stoff- und Informationsaustausch pflegt.

© Springer Fachmedien Wiesbaden GmbH, ein Teil von Springer Nature 2018
R. H. Gärtner, *50 Tipps für eine wirkungsvolle Zielgruppenansprache*,
https://doi.org/10.1007/978-3-658-21367-1_13

Es erhält also eine vollständige Organisations- und Interaktionsfunktion bei gleichzeitig völliger Abgeschiedenheit. Das Kunststück, den Austausch mit einer Umwelt zu organisieren, die es selber nie erfahren kann, gelingt nur deshalb, weil das Gehirn selbst keine Wahrnehmungsinteressen zeigt, sondern die Informationen, die es zu beschaffen in Auftrag gibt, zu einem komplexen Abbild der Umgebungswirklichkeit verknüpft. Wenn Sie Führungsverantwortung innehaben, lehnen Sie sich jetzt einen Augenblick zurück und denken Sie darüber nach, welche Auswirkungen diese Tatsachen auf Ihre Arbeitsleistung haben könnten.

Sie sollten zu dem Ergebnis gekommen sein, dass Sie sich nicht in Ihrem Elfenbeinturm des Managements verschließen, sondern sich den Informationen aufmerksam öffnen und zugänglich machen, die von außerhalb dieses Turmes angeboten werden. Einmal mehr zeigt sich der Sinn der Führung, wozu ich übrigens auch die Lebensführung zähle, in der Erkenntnis der Werte und in deren sinnvoller Verbindung.

Daraus geht aber eine missverständliche Sichtweise hervor, wie man sie heute allerorten findet: die Neuro-Manie. Sie hat über die namensgebenden Neurowissenschaften hinaus fast alle Branchen und Tätigkeitsbereiche erreicht und bietet Neuromarketing, Neurorhetorik, Neuromanagement, Neurofinance, Neuroadvertising und vieles mehr. Jedes dieser Bücher und Seminare bietet zahllose Sätze, die ausnahmslos beginnen mit *„Ihr Gehirn ..."*.

Darin liegt ein gefährlicher Trend. Dem Egozentrismus wird jetzt noch eine Entkoppelung des Gehirns vom Menschen hinzugefügt und der Anschein erweckt, es stünde außerhalb unseres Selbst und müsste, in einer Petrischale vor uns liegend, beobachtet und befragt werden. Die Mensch-Hirn-Dualität, wie ich diesen Trend nenne, ist schleunigst umzukehren, da sie außer Verwirrung zu stiften keinerlei Erkenntnis bietet. Hirnorganisch oder funktional mögen die bunten Bilder aus PET-Scan und fMRT ja von großer Bedeutung sein. Zu praktischen Befunden taugen sie nicht aus zweierlei Grund:

Erstens gilt der festgestellte Durchblutungsanstieg in den entsprechenden Arealen lediglich zum Aufnahmezeitpunkt und unter Aufnahmebedingungen. Es besteht die Möglichkeit, dass eine Untersuchung zu anderer Zeit und zu anderen Bedingungen einen anderen Befund ergäbe. Ich werde mich mit einem großen Wanderrucksack auf dem Rücken auch anders durch einen Wald bewegen als durch ein Porzellangeschäft.

Zweitens ist der strenge Blick auf die Arealfunktion unsicher. Zum einen erfährt man nur spezielle Zusammenhänge zwischen Bildflackern und Probandenäußerung und zum anderen kann man die Kontextbeziehungen, die das Gehirn ohne Einbeziehung des Bewusstseins trifft – und das sind die meisten – nicht nachvollziehen, was triftige Aussagen nur bedingt ermöglicht. Dazu kann man

13 Umfeldfokussierung statt Egozentrik

natürlich wiederum kritisch stehen und ich bin kein Neurobiologe, in jedem Fall aber ist es nicht hilfreich, sich lediglich auf Organfunktionen oder sogar nur Teilfunktionen zu konzentrieren, wenn es um die globalen Zusammenhänge des Menschen in Interaktion mit seiner Lebenswirklichkeit geht.

Hier werden wir nun umdenken müssen. Man *ist* nicht sein Gehirn und es führt auch kein Eigenleben. Es ist ein Organ des Austauschs inmitten von Organen des Austauschs. Dabei ist es von außen nach innen, also grundsätzlich reaktiv ausgerichtet. Ein Mensch, der nie in seinem Leben auch nur einen Input aus der Außenwelt bekäme, wäre vermutlich regungslos, lautlos und willenlos. Er hätte keine Kenntnis von seinem oder anderen Systemen und könnte auch keine Verbindung herstellen. Er würde inaktiv und leer sein. Erst die ersten Informationen, die einen Menschen aus seiner Umwelt erreichen, lassen ihn wachsen, reifen und Gestalt annehmen. Sie lassen ihn auch erste Eigenreaktionen zeigen, deren Umweltreaktion wiederum ein wichtiger Input zur Selbstentfaltung ist.

Das neue Handeln muss also zunächst ein empfangendes sein, Werben bedarf des Inputs, bevor es sich äußert, muss reaktiv gestaltet sein, um aktiv gestalten zu können. Dazu ist es wichtig, sich als eine, in einen größeren Zusammenhang eingebettete, Organisation zu verstehen, die selbst der größere Zusammenhang kleinerer Organisationen ist. So sind die Neurowissenschaften eigentlich Beziehungs-, Kontext- oder Verbindungswissenschaften, wo sie sich um die Erforschung der Funktion bemühen und die Ebene der bloßen Gewebestruktur verlassen. Für das Werben genügt es zu verstehen, dass es nicht länger eine unilaterale Konzeption benötigt, sondern eine umfassende, und es muss sich den Kundenmeinungen, der Verbrauchersicht zugänglich machen, wenn es wirklich wirksam werden will. Personal- und Verbraucherbeiräte müssen zum festen Beraterkreis jeder Werbeagentur und jeder Werbeabteilung gehören, um die Qualität zu garantieren und die Verbindungskraft zu erhalten. Stellen Sie Ihre Bewusstheit für die Umgebung in den Mittelpunkt, nicht die Bewusstheit für sich!

> **Praxistipp**
>
> Das Gehirn hat keinen Zugang zur Außenwelt. Es bildet die Welt und sich selbst anhand der Informationen, die von Außen herangetragen werden. Machen Sie es genauso: Sammeln Sie Umfeldinformationen und bilden Sie danach Ihr Produkt – nicht umgekehrt! Ebenso wie das Gehirn dann die Umwelt verändern kann, kann Ihr Produkt nur so die Welt verändern!

Dreidimensionalität statt Eindimensionalität

In diesem Buch geht es um drei wesentliche Dinge: Verbindungen, Sinn und Werte. Diese Begriffe sind viel diskutiert, aber im Allgemeinen selten gewinnbringend eingesetzt worden. Zur Lösung erfolgskritischer Probleme aber stellen sie den zentralen Dreh- und Angelpunkt dar.

Um die Dimensionen der Werbung zu verstehen, ist es hilfreich, sich verschiedene Wertkategorien bewusst zu machen. Ich unterscheide zwischen:

1. Produktionswert
2. Rezeptionswert
3. Funktionswert

Als *Produktionswerte* bezeichne ich jene, die aus der Sache selbst und ihren Entstehungsprozessen und -bedingungen hervorgehen. Hierunter fallen Qualität, Preis, Innovation, Komfort, Optik, Haptik, Verfügbarkeit, Attraktivität usw.

Als *Rezeptionswert* bezeichne ich alle Interessen, die aus der Beziehung der Stakeholder zum Unternehmen und dessen Arbeitsleistungen entstehen, also finanzielle, berufliche, private und öffentliche. Eine Auflistung der Stakeholder und ihrer Interessen habe ich im Kapitel *Universalwirkung* vorgenommen.

Werbung arbeitet bisher eindimensional. Sie beschränkt sich auf die Formulierung eines Produktionswertes. Die bloße Präsentation solcher Werte oder Vorzüge bleibt ein Akt der Selbstdarstellung und vertraut darauf, von sich aus eine ausreichend hohe Attraktivität zu besitzen. Ist der Innovationsgrad hoch, der Nutzen groß und das Preis-Leistungs-Verhältnis optimal, kann die Eindimensionalität erfolgreich sein. Auf die meisten Fälle trifft das nicht zu.

Schon eine Dimension tiefer gelangt man aber bereits zu viel besseren Ergebnissen, indem man den Produktionswert mit einem Rezeptionswert verknüpft. Hier muss es gelingen, eine logische Begründung für einen konkreten Verbraucherwert zu formulieren und die sinnvolle Verwendung plausibel zu machen. Die zweite Dimension schafft bereits einen größeren Stellenwert des beworbenen Themas für die Adressaten und garantiert eine intensivere Beschäftigung mit der Werbemaßnahme.

Die intensivste Wirkung erzielt man allerdings erst in der dritten Dimension, die in der Erweiterung durch den *Funktionswert* besteht. Funktionswerte sind Beziehungswerte, die eine dauerhafte und stabile Verbindung zwischen einem Unternehmen und seinen Stakeholdern oder auch nur zwischen Verbrauchern und Produkt herstellen und aufrechterhalten. Beziehungswerte entstammen fast ausnahmslos der Ethik und es lohnt sich, einige von ihnen genauer zu betrachten. In der Werbung werden sie bislang selten oder schwach eingesetzt, ich bin aber dafür, ihnen zukünftig größere Beachtung zu schenken oder sie gar in den Mittelpunkt werblicher Kommunikation zu stellen. Sie sollten die folgende Aufzählung etwas auf sich wirken lassen und sehen, welche Gedanken sich bei Ihnen finden. Sicher werden Sie diese unvollständige Liste noch ergänzen können, denn Verbindungswerte sind zahlreich. Schade eigentlich, dass sie bislang so wenig berücksichtigt werden, wo gerade Verbindlichkeit zwischen Interessengruppen doch so bedeutend ist. Zu den wichtigsten Funktionswerten zähle ich:

Freundschaft

Sie ist ein traditioneller Wert, der die innige, positive verbindliche Zuwendung zwischen Menschen bezeichnet. Freundschaftsangebote, oder neuer *Freundschaftsanfragen*, sollen Distanzen überwinden und Verbundenheit schaffen. Dabei ist das Räumliche oder Zeitliche nicht von Belang. Freunde hören und sehen sich oft sehr lange nicht und dann auch nur kurz. Wichtig ist der subjektiv hoch eingeschätzte Grad innerer Verbundenheit, der darauf zurückgeht, dass man die gleichen Ideale, Einstellungen und Interessen teilt und sich gegenseitig unterstützt. Für das Werben ist das Freundschaftsideal eine der großen zukünftigen Chancen. Verwechseln Sie dieses Ideal aber bitte nicht mit virtuellen Freundschaftszahlen, die sind nicht Ausdruck einer menschlichen Beziehung, sondern einer Sammelleidenschaft. Ich spreche von einer gelebten und gegenseitig interessierten zwischenmenschlichen Verbindlichkeit.

Kameradschaft

Ein tradierter Begriff mit staubigem Flair, er klingt nach Kriegsveteranen-Romantik und scheint heute wegen seines spießigen Charakters wenig zeitgemäß. Ein fataler Irrtum. Der Begriff leitet sich vom italienischen *Camera* ab, das Raum bedeutet. Kameraden sind also Zimmergenossen, die sich – freiwillig oder nicht – zusammengefunden haben. Menschen, die kameradschaftlich sind, übernehmen eine Mitverantwortung für andere, der ein Pflicht- und Ehrbewusstsein innewohnt. Sie sind einander in einer Sache, einer Aufgabe oder einem Thema verbunden und meist an einer gemeinsamen Verwirklichung und positiven Gewinnen interessiert. Kameradschaft kann ein gruppendynamisches Zusammengehörigkeitsgefühl voller Solidarität und gegenseitiger Aufmerksamkeit sein. Wichtig ist zu wissen, welche Merkmale dem Kameradschaftsempfinden zugrunde liegen. Sie zu finden und zu kommunizieren, muss Aufgabe einer problemlösenden Werbung werden.

Anerkennung

Die Anerkennung habe ich bereits thematisiert. An dieser Stelle nur so viel, dass sie der Grundwert jeder Verbindung ist. Merkmale, Eigenschaften, Bedürfnisse, Einstellungen, Lebenskonzepte müssen wahrgenommen und akzeptiert werden, beides – das Erkennen und das Annehmen – wohnt dem Wort Anerkennung inne. Sie muss wechselseitig geschehen und einen Austausch zur Folge haben, den es dialogisch und diskursiv zu gestalten gilt. Anerkennen setzt Interesse, Beobachtung und Befragung zwingend voraus und ist ein starker Faktor zwischenmenschlichen Beziehungsmanagements. Kein anderes gibt es in der Wirtschaft!

Verantwortung

Der gefährlichste aller Funktionswerte. Verantwortung wird oft geäußert und selten gelebt. Rücksichtslosigkeit und Ignoranz oder Desinteresse folgen häufig den Bekundungen der Verantwortung. Vielerorts zu beobachten als Ausnutzung, Ausbeutung oder Raubbau. Immer wieder werden Verantwortlichkeiten unterlassen, unterschätzt oder – ebenfalls mit schlimmen Folgen – überschritten. Die Verantwortung zu übernehmen heißt die Schutz- und Unterstützungskompetenz wahrzunehmen und die Bereiche, die dieser Verantwortung unterliegen, vor Schaden zu bewahren und im Rahmen ihrer Möglichkeiten positiv zu entwickeln. Das zählt im Großen wie im Kleinen. Die Verantwortung werblicher Kommunikation liegt darin, das Gefühl subjektiver Sicherheit, Gewissheit und Verlässlichkeit zu vermitteln und persönliche Wachstums- wie auch Entwicklungsmöglichkeiten aufzuzeigen.

Entscheidung

Die Entscheidung ist ebenfalls ein hochfunktioneller Wert, über den ich an anderer Stelle ausführlicher geschrieben habe. Hier sei angeführt, dass die Entscheidungskompetenz das zentrale Element der Selbstverwirklichung und Autarkiebestrebung ist. Menschen fühlen sich denen verbunden, die sie in ihrer Entscheidungshoheit respektieren und ihre Entscheidungen in ein Zukunftskonzept einbinden. Beiräte sind daher unerlässlich. Für die Werbung heißt das: Beziehen Sie Kunden- und Personalbeiräte in Ihre Kommunikationsentscheidungen ein und stellen sie in Ihren Aussagen niemanden ohne wirkliche Not vor vollendete Tatsachen. Lassen Sie den Menschen immer eine echte Wahl, ohne ihre Entscheidungsfähigkeit zu erschöpfen.

Fairness

„Fair geht vor", lautet ein Werbetext. Offensichtlich kann auch jeder mit dem Begriff etwas verbinden. Nehmen Sie sich ein paar Sekunden, um sich darüber klar zu werden, was er bedeutet. Fair entstammt dem Althochdeutschen und meint – verblüffenderweise – schön. Deutlich wird das erst auf den zweiten Blick: Faires Verhalten ist nicht normativ gefordert und unterscheidet sich dadurch von der Gesetzes- und Regeltreue. Fairness ist selbstgewählt sowie freiwillig und beschreibt den respektvollen, anerkennenden und gemeinschaftlichen Umgang miteinander. Fair ist Werbung, wenn sie auf Persuasions- oder Manipulationsversuche verzichtet und zur Zielerreichung einzig das Mittel der Logik, der Vernunft und Verbindlichkeit einsetzt. Psychologische Tricks oder limbische Methoden, die an der Umgehung des Verbraucherbewusstseins interessiert sind, um ihn an „wehrloser Stelle" zu treffen, widersprechen jedem Fairnessgedanken.

Gewaltverzicht

Sie mögen verblüfft sein, diesen Funktionswert in der Liste zu finden, weil Sie sich fragen, inwiefern er die Werbung betrifft. Ich gehe nicht davon aus, dass Menschen zur Abnahme von Waren geprügelt werden. Gegenstand des Verzichtes ist die subtile, psychische Gewalt, die uns in der Werbung als Druck begegnet. Manche Formen von Absatzförderung erinnern an Erpressung, Nötigung und Bestechung, und zunehmend werden Verbraucher verführt, Dinge zu kaufen, die sie nicht brauchen und manchmal noch nicht einmal wollen oder bezahlen können. Die schlimmste Folge solcher subtilen Gewalt ist die Schaffung von Abhängigkeiten oder Schulden. Gewaltverzicht sollte aber allein aus menschlicher Perspektive eine reine Selbstverständlichkeit sein. Werbung ohne diese Gewalten wird von Ihren Adressaten ausgesprochen positiv aufgenommen werden, denn Menschen, deren Absichten und Vorhaben wir erkennen, genießen von vorneherein unser volles Vertrauen. Schlussendlich ist hier auch die verbale Gewalt der Imperativkonstruktionen zu nennen.

Wohlwollen

Einem anderen Menschen um seiner selbst willen Positives zu wünschen, ist der Grundgedanke des Wohlwollens schon bei Aristoteles. Es zeigt, dass Sie an einem anderen Menschen und dessen Wohlergehen auch dann Interesse haben, wenn Sie selbst nicht unmittelbar davon profitieren. Das Wohlwollen schafft Dankbarkeit und Vertrauen und wird immer gerne erwidert. Besonders angenehm ist es nicht nur in Abhängigkeitsverhältnissen, sondern auch in der werblichen Kommunikation. Wer im Sinne und Interesse der Adressaten wirbt und deren individuelle Bedingungen zu verbinden weiß, dem wird nach dem Wohlwollen die Wohltat entgegengebracht.

Liebe

Die Liebe ist natürlich der wichtigste Funktionswert überhaupt. Sie begründet, wem, was und wo sich Menschen in inniger Verbundenheit hinwenden. Was sie lieben, möchten sie in ihrer Nähe haben. Menschen lieben des Schutzes und der Fürsorge wegen, aber auch um der Selbstverwirklichung und persönlichen Reife willen. Menschen, die jemanden oder etwas lieben, wachsen durch das Liebesobjekt. Das trifft auf den Lebenspartner genauso zu wie auf Freunde, den Beruf, Objekte oder Themen. Die Liebe bedarf der Freiwilligkeit und muss nicht erwidert werden, das ist die Besonderheit an ihr. Sie lässt vieles ertragen, erdulden und verzeihen. Wer liebt, ist belastbarer, weil er einen tiefen Sinn erkennt, der das gesamte Fühlen, Denken, Sprechen und Handeln positiv beeinflusst. Schädigen kann Liebe, wenn sie krankhaft, obsessiv oder manisch wird. Das Zerstörungspotenzial enttäuschter, gekränkter oder falscher Liebe ist gewaltig und eine der destruktivsten Energien des Menschen. Die aufrechte, altruistische, auf den Mitmenschen gerichtete Liebe ist im Gegensatz dazu die mächtigste schöpferische Kraft eines Menschen. Werbliche Kommunikation täte gut daran, die Liebe zur Verbindlichkeit, Verlässlichkeit und Vernunft für sich zu entdecken und sie jeden Adressaten deutlich spüren zu lassen – ganz gleich, ob sie erwidert wird oder nicht.

Gestalten Sie werbliche Kommunikation immer dreidimensional. Verspielen Sie diese wichtige Chance nicht und achten Sie besonders auf die hohe Wirkungskraft der Funktionswerte, denn Werbung, der es an diesen Beziehungswerten mangelt, gibt es in Hülle und Fülle.

Praxistipp
Bieten Sie Substanz. Werbung, die wirken soll, braucht Gewicht und Volumen. Arbeiten Sie dazu mit der anhängenden Wertetabelle. Gehen Sie die Werte durch und achten Sie darauf, welche Ihnen als stimmig erscheinen, wenn Sie sich auf Ihr Produkt konzentrieren. Dies sind die Kernwerte, die Sie vermitteln müssen.

Literaturangaben und weiterführende Literatur

Ebeling, K., und M. Gillner. 2014. *Ethik Kompass*. Freiburg i. Br.: Herder.

Objektivität statt Kreativität 15

Kreativität ist der in der Werbung wichtigste und am meisten überschätzte Begriff. Kaum eine Agentur verzichtet darauf zu betonen, dass sie kreativ sei und dass sie in Sachen Kreativität neue Wege für das Unternehmen fände. Texter brüsten sich mit ungewöhnlicher Kreativität und verpacken das Eigenmarketing demonstrativ in Sportmetaphern oder Ähnlichem. Das Wesen der Kreativität ist nicht greifbar, ihr Geist aber ist allgegenwärtig und spukt durch die Werbung vom Briefing bis zur Mediaplanung.

Dabei ist sie Wesenseigenschaft von Werbe- beziehungsweise Kreativagenturen, die Eigenwerbung mit dieser Qualität also verzichtbar. Unnötig, den Bäcker mit der Fähigkeit des Backens zu bewerben. Ein weiterer Kritikpunkt an der Überschätzung der Kreativität betrifft die Messschwäche. Wann ist eine Leistung kreativ, wie sehr muss sie es mindestens sein und wann ist es des Guten zu viel? Fragen, die man nicht beantworten können wird, besonders heute nicht, wo es gar nicht mehr kreativ genug sein kann.

Wenn es aber gelingt, einen Konsens über das Maß der Kreativität zu finden, wie ist sie im Honorar angemessen zu berechnen? Welchen Anteil an der Erfolgserwartung hat sie und wie hoch ist der Grad der Abnutzung? Die kreativste, aufwendig erfundene und konstruierte Geschichte mit der raffiniertesten Pointe verliert schon nach der ersten Veröffentlichung rapide an Wert. Bei der ersten Wiederholung schon ist sie im Grunde wertlos. Drip-Paintings eines Jackson Pollock waren zu ihrer Zeit hoch kreativ. Schon die erste Kopie ist ohne jeden Belang. Die kreative Idee ist verloren, eine neue muss geboren werden. Für die Kunst mag das noch in Grenzen Geltung haben, obwohl auch hier die Kreativität allzu oft über jeden Sinn und Zweck gestellt wird. Bei der Kreativität geht es wie oft in der Werbung nur um die Sache selbst. Ihre Dienlichkeit, besonders ihre Sachdienlichkeit wird gar nicht erst hinterfragt, wenn nicht sogar von vorneherein verurteilt.

Sie hat einen hohen Unterhaltungswert und deshalb wird sie wohl auch so verehrt. Ihr Nutzwert allerdings ist in der Form, wie sie heute meist verwendet wird, eher fraglich und dürftig. Bei aller Kreativität, die auf den Internetpräsenzen der Agenturen beschworen wird, lässt sie sich in der rezenten Werbung allzu oft vermissen, bei Slogans beispielsweise. Suchmaschinenanfragen nach den Fragmenten *„Ihr Partner für …"* oder *„xy und mehr"* respektive der anglistischen Variante *„xy and more"* ergeben Höchstwerte. So kreativ ist das also auch wieder nicht.

Doch es geht auch schräger. *„Mut zu Deutschland"* ist über ein Wahlplakat getextet worden und kein Leser fragt sich, warum man Mut zu Deutschland braucht, was das bringt und wieso man überhaupt die Wörter Mut und Deutschland in einem Slogan vereint. Weil man die Stupidität gewohnt ist und ohnehin einfach darüber hinwegliest. Auch der Getränkeslogan *„wer, wenn nicht wir"* gibt Rätsel auf und rückt das beworbene Produkt in ein zweifelhaftes Licht. Wer soll es denn trinken, wenn nicht wir? Genussfreude klingt anders.

Das Diktat der Kreativität ist das Ungewöhnliche, das als Catcher, als Stolperfalle dienen soll. Der Mensch soll hören *„jetzt weht ein frischer Wind … durch ihren Kartoffelsalat"* und sich sofort verwundert der Information zuwenden, um zu erfahren, dass es sich um ein Dressing handelt, das *„Sylt"* heißt. Das ist der kreative Akt: Sylt mit Wind verbinden und das erste Sprichwort nehmen, in dem das Wort Wind enthalten ist. Dieses dann mit Kartoffelsalat in Verbindung setzen und ab ins Kreativmeeting.

Über Kreativität lässt sich trefflich streiten, und Sie merken, dass ich ihr gegenüber sehr skeptisch eingestellt bin. Auch und vor allem, weil ich mich frage, ob es unkreative Werbung überhaupt gibt. Kann ein Mensch prinzipiell unkreativ sein, wenn er etwas tut? Gibt es nicht vielleicht auch ein kreatives Unterlassen, ein schöpferisches Nichtstun?

Wann immer man ein Vorhaben fasst, einen Entschluss vorbereitet, wenn man Fakten analysiert, Erkenntnisse formuliert, wo man ein Ziel erarbeitet und einen Weg ebnet, um es zu erreichen, ist ein hohes Maß an Kreativität im Spiel.

Werbeagenturen haben alles Recht, sich auf die Kreativität zu berufen, auf sie zu bestehen und sie sich auf die Flaggen zu schreiben – wie jeder andere schöpferische, schaffende Mensch auch. Es kommt nur darauf an, welcher Art diese Kreativität ist.

Ich empfehle die Unterscheidung zwischen zwei Arten der Kreativität:

1. Spielkreativität
2. Sachkreativität

15 Objektivität statt Kreativität

Spielkreativität ist die in der rezenten Werbung am häufigsten eingesetzte, sie dient der Belustigung, der Unterhaltung, dem Vergnügen und dem Bestaunen. Sie zeigt uns Dinge, die wir leicht aufnehmen können, die keine Rezeptionsanstrengung benötigen und die eine flüchtige Heiterkeit erzeugen.

Im Spiel aber vermittelt man auch Inhalte, die sonst verweigert würden, da die Auseinandersetzung mit ihnen Unbehagen bereitet. Kinder lernen deshalb spielerisch am besten. Erwachsene, wenn sie nicht zu streng und ernst sich selbst gegenüber eingestellt sind, übrigens auch. Der Effekt verliert sich aber, wenn die Inhalte hinter dem Spiel zurücktreten und vom Spielen völlig überdeckt werden. Sie bleiben dann im Verborgenen und das Spiel wird die einzige Beschäftigung. Diese Situation erlebt die Werbung gegenwärtig.

Sachkreativität ist auf das Wesen eines Themas konzentriert und besteht darin, die wesentlichen Werte, die Sinnhaftigkeit einer Sache herauszufinden, und die Menschen, die mit ihr in Kontakt kommen wollen und sollen, zu verbinden. Dazu müssen Lösungswege gefunden werden, die weit außerhalb der gängigen Werbenorm liegen, die intellektuell und kognitiv anspruchsvoll erarbeitet werden und eine hohe Anforderung an die Kreativagenturen stellen, die sich die Sachkreativität als ihre Domäne erwählt haben.

Ich möchte das an einer Zahnpasta-Werbung verdeutlichen: Im ersten Fall sehen Sie eine junge Frau, die an einem Fotoshooting teilnimmt und alle Kleider, Taschen und Gegenstände von sich wirft. Das Fotomodell lacht den ganzen Spot hindurch und wird gezeigt in schnellen Schnitten und mit flotter Musik. Die Botschaft: „*Mit dieser Zahnpasta brauchen Sie nichts mehr als Ihr strahlendes Lächeln*".

Die Spielkreativität ist hier sehr hoch: Fotomodell, Shooting, Lächeln, das alles überstrahlt, und die Erzählperspektive sind sehr unterhaltend und vergnüglich. Die Sachkreativität ist hingegen gleich null. Keine Information, die nicht jede andere Zahnpasta-Werbung auch nennen würde.

Im zweiten Fall hören Sie folgenden Text: „*Die meisten schädlichen Bakterien sitzen zwischen den Zähnen. Kommt es zu Zahnfleischbluten, können diese Bakterien und ihre Gifte in die Blutbahn gelangen. Wissenschaftler vermuten, dass sie dann die Arterienwände beeinträchtigen und so möglicherweise Herzkrankheiten begünstigen. Diese Zahnpasta verhindert Schleimhautblutungen und nimmt Bakterien und Bakteriengiften die Gefährlichkeit*". Das Video unterstützt den Text mit passender Verdeutlichung. Ein anderer, sachlicher Ansatz, den Sie verfeinern sollten. Die Spielkreativität ist in diesem Video gleich null, die Sachkreativität ist sehr hoch – die Arbeitsintensität allerdings auch, da Sie andere Rechercheansätze benötigen. Es wird aber deutlich, dass dieser Kreativitätstyp sehr anspruchsvoll, interessant und wertvoll sein kann.

15 Objektivität statt Kreativität

Der Nutzwert ist überwältigend. Kopiersichere Kommunikationskonzepte, Alleinstellungsmerkmale, die krisenresistent sind, überdurchschnittliche Erfolgswerte in wirtschaftlicher und gesellschaftlicher Hinsicht und das gute Gefühl, einen wirklich guten und wichtigen Job gemacht zu haben, für den man Anerkennung und gutes Geld redlich verdient.

Dazu bedarf es einer funktionellen Objektivität. Sie ist im Gegensatz zur Spielkreativität leichter nachvollziehbar, überprüf- und messbar und angemessen finanzier- und honorierbar. Die objektive Darstellung der wert- und sinnvollen Funktionalität ist ein Gegenstand der projektiven und assoziativen Befragung, die dazu eingesetzt werden, um sich Zugang zu verborgenen Werten, Potenzialen und Beziehungen zu verschaffen und eine Energie freizusetzen, die der Philosoph Baruch de Spinoza als „*Existenzkraft*" bezeichnet. Folgende Fragen sollten eine erste Orientierung geben:

- Welche Eigenschaften können Sie sofort benennen?
- Wenn Sie jede dieser Eigenschaften mit je einer anderen kombinieren, welcher Wert ergibt sich daraus für Sie?
- Welche Eigenschaft finden Sie verzichtbar? Welche fehlt?
- Welche Begriffe zu dem Thema kommen Ihnen spontan in den Sinn?
- Wenn Sie diese Begriffe zusammenstellen, welcher Überbegriff bietet sich an?
- Welche Überbegriffe finden andere?
- Wenn Sie alle Überbegriffe zusammenstellen, welcher Superbegriff bietet sich an?
- Welche Begriffe beschreiben die Beziehungen zwischen Begriffen, Überbegriffen und Superbegriff?
- Welchen echten Nutzen können Sie wirklich bieten, wessen Probleme lösen Sie ernsthaft?
- Was könnten Sie erreichen, wenn Sie Ihr Ziel erreicht haben und noch Kraft, Geld und Zeit übrig haben?
- Was brauchen Sie dazu?
- Was hindert Sie daran?
- Wer könnte Ihnen helfen, Fragen zu beantworten, deren Antwort Sie nicht kennen?
- Wer könnte Ihnen helfen, selber solche Frage zu stellen?
- Wenn Ihr Produkt ein Film wäre, welchen Preis bekäme er ehrlich: a) goldene Palme, b) Oskar, c) goldene Himbeere?
- Von den Kunden? Von den Mitarbeitern? Von Ihnen?
- Welchen Preis hätten Sie gerne?
- Warum?
- Was müssen Sie dafür a) unternehmen, b) kaufen, c) unterlassen?

Versuchen Sie, den Fragenkatalog zu erweitern und aus der Oberfläche in die Tiefe zu gelangen. Vor allem aber sollten Sie sich und andere Beteiligte von der Spiel- auf die Sachebene holen. Das heißt nicht, dass von jetzt an alles bitterernst und staubtrocken verläuft. Im Gegenteil, wenn die Sachkreativität erst einmal richtig in Fahrt gekommen ist, finden Sie eine erheblich tiefere Befriedigung und Leistungswürdigung, als Sie es mit der Spielkreativität je erreicht hätten.

Am Ende muss eine Arbeitsleistung stehen, die als Kreativleistung eine objektive Darstellung der verbraucherrelevanten, unverzichtbaren und typischen Eigenschaften, Konsumentenwerte und tatsächlichen Verwendungsnutzen sinnvoll, verbindlich und unmissverständlich transportiert. Eine große Aufgabe, der nur wirkliche Kommunikationsexperten mit intensiver Lebenserfahrung, untrüglichem Sprachgespür und intellektueller Empathie vollauf gewachsen sind. Eine Frage der Kreativ- oder Hochschule ist das allerdings nicht.

Praxistipp

Konzentrieren Sie sich darauf wertvoll zu sein. Orientieren Sie sich an Ihrer persönlichen Werteliste und achten Sie auf eine konkrete Vermittlung. Eine objektive Werteliste ist allemal besser als die kreativste aber wertlose Geschichte.

Literaturangaben und weiterführende Literatur

Clarke-Epstein, C. 2003. *78 Schlüsselfragen, die jede Führungskraft kennen und beantworten sollte*. Wien: Linde.

„Ihr Nutzen" statt „Unsere Stärken" 16

In der Werbung ist die Darstellung der Inhalte stets produktbezogen und auf die Wir-Perspektive ausgerichtet. Vorteilskommunikation meint hier das Darlegen der Vorteile, die das Produkt oder das Unternehmen bietet. Ein verschwindend geringer Anteil von Werbeformaten vermittelt, was die Verbraucher eigentlich davon haben, wie sie zu den Themen stehen, welche Ausgangslage sie vorfinden. Sie fühlen sich so zu Recht außen vor gelassen und bedrängt von Informationen, die sie im Zweifel gar nicht wünschen.

Wir haben ein System entwickelt, wir haben das Einparken leichter gemacht, wir können dies, wir machen jenes. Unser Produkt ist das beste, schönste, reichhaltigste, nachhaltigste und natürlich billigste. Unser Vorteil liegt klar auf der Hand, wir können Probleme lösen, Weichen stellen, Leben retten oder verbessern und alles ein bisschen erträglicher, liebenswerter oder einfach nur vielfältiger machen.

Unsere Stärke ist die Selbstdarstellung.

„Warum?", frage ich.

Folgen Sie mir bitte ein weiteres Mal auf die Cocktailparty. Stellen Sie sich vor, alle zwanzig Sekunden werden Sie von einem neuen Menschen angesprochen, dessen einziges Thema es ist zu erzählen, was er bisher erreicht, bewirkt und gemacht hat – oder noch erreichen, bewirken und machen will.

Schon nach kurzer Zeit werden Sie sich entnervt ab und ziehen sich zurück. Warum? Weil Menschen nicht gerne als Projektionsfläche missbraucht werden, die nur der Darstellung fremder Themen und Motive dient. Einfach nur ein dankbares Gefäß für die Errungenschaften und Vorstellungen anderer zu sein, ist nicht die Vorstellung eines interaktiven Miteinanders. Die Werbung ignoriert das und wertet – das ist das Schlimmste – das menschliche Interesse an Integration und

Beachtung herab. Hier sind die Konzepte einmal mehr nicht anerkennend, weil Sie die Position des Rezipienten stumpf missachten.

Selbst wenn Schäden eingetreten sind, lautet die Devise: Selbstdarstellen, Eigenposition.

Wir haben einen Fehler gemacht, wir haben Wichtiges versäumt, wir haben Schritte unternommen, wir haben verstanden, wir werden uns um Sie kümmern, wir wollen Sie zufriedenstellen, wir werden Ihnen das beweisen.

Wie viel intensiver und verbindlicher ist dagegen die Verbraucherperspektive. Ihr Nutzen ist, Sie profitieren von, der Wert für Sie ist, Sie werden sehen, Sie können feststellen, Ihr Wunsch ist unser Antrieb und sehr vieles mehr.

Verbinden Sie sich mit der Sichtweise und der Blickperspektive Ihrer Adressaten und erkennen Sie deren Innenwelt. Wenn Ihnen das gelingt, werden Sie leicht in einen angeregten Dialog finden – der neue Auftrag einer Funktionellen Werbung. Machen Sie sich mit den Ansichten, Vorurteilen, Wertvorstellungen, Kritikpunkten, Vorstellungen und Anforderungen der Stakeholder bekannt und gehen Sie aus deren Perspektive auf die zentralen Werte ein, z. B.: *„Unsere Jacke lässt keinen Wind und Regen durch!"* – *„Sie bleiben immer angenehm trocken und warm."*

Der Unterschied ist leicht nachzuempfinden. Die Kraft des empathischen Intellektes wird Ihnen in diesem Buch noch öfter begegnen, sie ist ein zentrales Thema. Sie bietet die Chance, sich mit den Adressaten auf eine einzigartige Weise zu verbinden und einen regen Austausch herzustellen, an dessen Ende der positive Gewinn steht.

Das Entscheidende ist, dass es die Rezipienten mit meist unkontrollierbaren Themen zu tun haben und Beweisführungen erstens oft schwierig und zweitens oft unglaubwürdig in Werbemedien vermittelt werden können. Hier soll die Selbstbehauptung überzeugend wirken, erreicht dieses Ergebnis häufig aber nur unzureichend. Dann können wissenschaftliche Untersuchungen, unabhängige Tests oder eigene Theorien aufgefahren werden, um die Wertbehauptung zu stützen. Doch alle Bemühungen helfen wenig: Grenzen lassen sich nur glaubend überwinden und dazu braucht man Vertrauen und Verlässlichkeit.

Schnell und sicher können Sie das erreichen, wenn die geschilderte Perspektive die des Rezipienten ist. Aus einleuchtendem Grund: Diese Perspektive deckt sich mit den eigenen Interessen. Das macht es leicht, das Wertversprechen oder dessen Aussicht, nachzuempfinden, und was sich als dem Menschen zugehörig anfühlt, erfährt Akzeptanz.

Versetzen Sie sich ruhig einmal in die Lage eines Life-Coachs oder eines Visionärs. Diese Menschen formulieren immer aus der Rezipientenperspektive und erzielen damit großartige Ergebnisse:

Sie werden in Zukunft vieles leichter haben, Ihre Probleme gehören der Vergangenheit an, Ärger, Stress und Sorgen belasten Sie nicht länger, Sie sind frei und fähig, die für Sie und Ihre Stakeholder besten Entscheidungen zu treffen. Sie sind wirtschaftlich stabil und blicken in eine wachstumsstarke Zukunft, in der Sie und Ihre Lieben in größtmöglicher Sicherheit Ihre Wünsche verwirklichen werden.

Nicht nur für Sie klingt das erstrebenswert, und Sie werden deshalb dem Verfasser dieser Zeilen eine gute Chance einräumen, Ihnen zu vermitteln, wie dieser Zustand am besten zu erreichen ist.

Praxistipp

Menschen können Qualität besser einschätzen, wenn sie in einem konkreten – am besten persönlichen – Zusammenhang dargestellt wird. Qualitätsmerkmale verbinden Sie deshalb mit Einsatzbeispielen oder mit Bezug auf eine persönliche Verwendung des Nutzers: Wie macht Ihr Angebot das Leben des Kunden besser, einfacher oder schöner? Das müssen Ihre Kunden sich ausmalen können!

Big Cogitation statt Big Data 17

Big-Data-Initiativen erfreuen sich in zahlreichen Unternehmen großer Beliebtheit. Die zunehmende Bild-, Text-, Grund-, Reaktions-, Aktions-, Status- und Potenzialdatenerhebung hat zu einer regelrechten Sammelwut in den Unternehmen geführt. Jeder Funktionsbereich ist mit der Sammlung, Ordnung, Analyse, Fehlerbereinigung, Überprüfung und dem Bericht von immer mehr Daten beauftragt. Sie sind der neue Treibstoff, der ein Unternehmen oder eine Unternehmung von der Planungsphase bis zur Wettbewerbsspitze katapultieren soll.

Daten geben eine subjektive Sicherheit und scheinen ein mathematisches Modell der Realität zu ermöglichen. Sie erwecken den Anschein, das Projekt besser absichern und zuverlässiger steuern zu können und die Zukunft, die es erwartet, vorausberechnen zu können.

Dies trifft unbestreitbar zu.

In der Astronomie lässt sich bis in alle Ewigkeit das Eintreten von Mond- und Sonnenfinsternissen minuten- und auf den Kilometer genau berechnen, der Vorbeiflug von Sonden an Himmelskörpern wie Sternen, Planeten oder Asteroiden auf Jahrzehnte im Voraus planen und vorbereiten. Kometenbahnen lassen sich bis auf wenige Kilometer Erdnähe exakt kalkulieren, obwohl das Objekt sich noch viele Jahre lang weit außerhalb jeglicher Gefahrenzone befindet.

Das alles ist möglich durch Daten, deren Interpretation und mathematisch exakter Hochrechnung. Das ist nicht zu diskutieren. Welche Daten aber, in welcher Menge und wie, das ist sehr wohl diskutabel. In der fehlerhaften Anwendung des Datenpools liegt nämlich ein erhebliches Schadenpotenzial.

Das kann man erkennen, wenn es um die Berechnung des Wetters in den nächsten sechs Monaten geht. Hier sind zuverlässige Aussagen nicht möglich, vage Annahmen helfen nicht viel, und so kommt es, dass man sich auf Prognosen verlassen muss. Diese allerdings treffen nur mit einer gewissen Wahrscheinlichkeit ein. Oder sie treffen anders ein als vorhergesehen. Oder sie treffen gar nicht oder zu einem anderen Zeitpunkt ein. Prognosen sind so unzuverlässig, dass Ärzte oder Gerichtspsychologen sich nur ungern darauf einlassen, obwohl die Datendichte bereits sehr hoch ist und stetig wächst.

Warum sind Daten im einen Fall verlässlich, im anderen nicht?

Der Grund liegt in der Komplexität multifaktorieller Systeme. Je mehr Einflussfaktoren auf eine Entstehung und eine Entwicklung einwirken, desto unberechenbarer wird ein Verhalten. In Bezug auf die Berechnung astronomischer Körper sind die Parameter relativ überschaubar. Masse, Beschleunigung, Gravitation, Dichte und Geschwindigkeit sollten genügen, um erste zuverlässige Berechnungen vorzunehmen. Bei einem hochkomplexen System wie dem Wetter, das ein Mensch auch mit großer Lebenserfahrung manchmal am Morgen nicht für den Mittag voraussagen kann, sind solche Berechnungen unmöglich. Auch der Mensch selbst ist ein multifaktorielles System, dessen Einflüsse er noch nicht einmal für sich selber zu bestimmen vermag. Hochrechnungen, Prognosen oder gar Berechnungen eines Lebensverlaufes sind nur für kürzeste Zeitspannen unter bestimmten Bedingungen möglich.

Diese Verhältnisse machen deutlich, worum es beim hilfreichen Datenmanagement gehen muss: um wenige, einfache und funktionelle Faktoreneinflüsse. Hierauf ist das Augenmerk zu richten: die Faktoreneinflüsse. Wichtig ist nämlich nicht, welche Daten vorliegen oder gesammelt werden können, sondern welche Aus- oder Einwirkung sie auf das System haben!

Wieder einmal geht es also um Verbindungen. Diese Erkenntnis sollte helfen, sehr viel Arbeitskraft, Zeit und Geld in den Unternehmungen zu sparen, denn Datenmengen kosten Geld, sind zeitaufwendig in der Beschaffung, Analyse und Speicherung und sie können viele Arbeitskräfte aller Bereiche sehr lange davon abhalten, produktiv zu sein, wodurch noch mehr Geld verloren geht – und das alles für einen sehr fragwürdigen Zweck.

Aber Daten sind mathematisch, statistisch und erwecken den Anschein von Plausibilität. Sie können zu Aussagen verdichtet werden, die eine Grundlage für eine Argumentation bilden, anhand derer ein zukunftsgültiger Schluss hergeleitet werden soll. In komplexeren Systemen liegt darin aber die große Gefahr. Häufig führen Datensequenzen – es wird niemals der ganze Pool zu erfassen sein – zu einem Syllogismus, der, wie an anderer Stelle ausgeführt, höchst fehlerhafte

Schlüsse herleitet, wenn die Prämissen falsch sind. Verknüpft man zwei falsche Daten, führt das zu fehlerhaften Prämissen und damit zu falschen Schlüssen bei unzweifelhafter Plausibilität. Werden Daten nicht hinterfragt und ihre Verbindungskonstellation auf Alternativen überprüft, werden Plausibilitäten nicht angezweifelt und fehlerhafte Verknüpfungen aufgelöst, schaden Daten einem Unternehmen mehr, als sie nutzen.

Welche Daten sind also mit welcher Methode und in welchem Ausmaß richtig, hilfreich und gut?

Zunächst einmal sind das die **Ist-Daten**, die zeigen, in welchem Zustand sich ein System aktuell wirklich befindet.

Danach sind es die **Soll-Daten**, die zeigen, welche Interessen das System verknüpfen und verwirklichen soll und bis wann.

Daraus ergeben sich die **Wird-Daten**, die zeigen, wann ein System die erforderlichen Aufgaben gelöst haben und wie sein Zustand in einem gewissen Zeitraum sein wird.

Ist-Daten sind relativ leicht zu erheben. Sie bedürfen keiner langfristigen Recherche und Sammelwut, sondern lediglich einer guten Beobachtung und geschickten Befragung. Das Gleiche betrifft die Soll-Daten. Das Diskursive Management sollte Ihnen helfen, in kurzer Zeit die richtigen Informationen zu erarbeiten. Aus den gewonnenen Antworten folgt dann der nächste und schwerste Schritt: das Funktionelle Denken zur Ermittlung der Wird-Daten. Dazu braucht man keine in Anschaffung und Unterhaltung kostenintensive Technik oder teure Programmierung, sondern Geist!

Geist ist für die Daten das, was Leben für die Zellen ist. Ohne Leben sind Zellen lediglich Eiweißhüllen, die vom Körper abgebaut werden müssen. Daten ohne Geist sind Informationshüllen, die vom Unternehmen abgeschafft werden müssen.

Denken findet nicht vor den Augen statt, sondern dahinter. Daher brauchen Sie auch keine endlosen Datenkolonnen und Berichtsprozessionen zu lesen. Sie benötigen lediglich Ruhe, Zeit und Ihren gesunden Menschenverstand, den ich mit dem Sprachphilosophen Benjamin Lee Whorf, der diesen Begriff formulierte, „*natürliche Logik*" nennen möchte (Whorf 2008, S. 7).

Das große Nachdenken, oder gerne modern „*the big cogitation*", muss wieder fester Bestandteil einer leistungsbezogenen Unternehmenskultur werden und an die Stelle ausufernder Datenerfassung und erst recht hektischen Aktionismus treten.

Zur Erhebung der nötigen Daten und ihrer Beurteilung bezüglich der Unternehmensrelevanz rate ich, sich einen funktionellen Fragenkatalog zu erarbeiten, der an die Interessengruppen gerichtet wird. Hier müssen Themen berücksichtigt werden, die in üblichen Meinungsforschungen und Befragungen nicht oder nur als geschlossene Frage auftreten, was keinen Nutzen bringt.

- Stellen Sie offene Sinnfragen,
- bringen Sie Zukunftswünsche und Erfolgs- oder Gewinnvorstellungen in Erfahrung,
- erforschen Sie Bedürfnisse,
- erkennen Sie Widerstände und Ärgernisse,
- definieren Sie verborgene Talente und verdeckte Potenziale,
- fördern Sie Entwicklungsbestrebungen zutage und
- machen Sie sich die Verbindungen und Verbindlichkeiten aller Interessengruppen zueinander bewusst.

Nutzen Sie dazu den funktionellen Fragentypus, den ich in anderen Kapiteln dieses Buches vorgestellt habe.

Noch einmal zur Erinnerung: Nicht die Fakten sind von Bedeutung, sondern ihre *Wirkung* auf das System. Bislang unberücksichtigt geblieben ist folgende Tatsache: Fakten kann man nicht nur sammeln, sondern auch erschaffen! Daten können nicht nur erhoben, sondern können erdacht werden! Denn offene Systeme stehen immer in einer Wechselwirkung zueinander und gestalten sich gegenseitig. Nutzen Sie diese kostbare Chance für sich und Ihre Kontakte!

Praxistipp
Sammeln Sie nicht wild Informationen, die Datenflut führt zu übermäßig hohen Verbindungsmöglichkeiten. Selektieren Sie die Informationen schon vor der Speicherung und Verarbeitung. Achten Sie dabei auf den Informationswert. Informationen, die keine oder nicht die gewünschte Wirkung haben, sind überflüssig. Beurteilen Sie den Informationswert immer von der Empfängerseite aus!

Literaturangaben und weiterführende Literatur

Bilstein, F., F. Luby, und H. Simon. 2006. *Der gewinnorientierte Manager*. Frankfurt a. M.: Campus.

Cloud, H., und J. Townsend. 2005. *Grenzen setzen – Beziehungen bauen*. Asslar: Gerth Medien GmbH.
Graf von Bernstorff, A. 2012. *Einführung in das Campagning*. Heidelberg: Carl Auer.
Whorf, B. L. 2008. *Sprache – Denken – Wirklichkeit: Beiträge zur Metalinguistik*. 25. Aufl. Berlin: Rowhlt.

Experimentell statt theoretisch 18

Ein großes Gefahrenpotenzial einer Unternehmung oder eines Projektes liegt in der theoretischen Vorarbeit, der Planung, der Entwurfs- und Konzeptionsvorbereitung. Themen werden theoretisiert, durchgespielt in Best-, Worst- und Average-Case-Szenarien.

Überlegungen werden angestellt, Vergleiche gezogen, jeder Stör- und Ausnahmefall mit einbezogen und in all seiner Konsequenz durchexerziert. Die Theorie ist der große Freund der Werbung. Es werden theoretische Überlegungen zur Produktwirkung, der Zielgruppenwirkung, zur Text- und Mediengestaltung, zum Inhalt und zur beabsichtigten Wirkung angestellt. Keine Maßnahme darf der Öffentlichkeit vorgestellt werden, wenn sie nicht bis ins Kleinste jeder theoretischen Eventualität praktisch entspricht.

Besonders Werbegestaltungs- und Werbewirkungstheorien erfreuen sich großer Beliebtheit. Menschen verbringen sehr viel Energie und Arbeitszeit in Theoriemeetings, die sie erheblich produktiver einsetzen könnten. Von Henry Ford stammt die Vermutung, dass Denken sehr viel Arbeit mache, weshalb es auch nur wenige täten. Darin ist viel Wahres enthalten. Überlegungen theoretischer, besonders erkenntnistheoretischer Natur brauchen sehr viel Energie und erschöpfen den Menschen daher schnell. Sie sollten auf das fundamentale, existenzielle und problemlösende Denken mittels natürlicher Logik begrenzt bleiben. Für alle anderen Tätigkeiten gilt: Experimentieren.

Das hat verschiedene Vorteile. Zum einen besitzt es einen gewissen Spielwert und fördert die menschliche Neugier. Zum anderen lassen sich experimentell gewonnene Erkenntnisse besser verstehen, vermitteln und verbessern. Obendrein verhindert der Drang nach Perfektion, dem viele Werber unterliegen, schnelle Ergebnisse, weil sich theoretisch immer ein Problem finden lässt, das dringend gelöst werden muss, bevor das Konzept abgeschickt werden kann. So lange wird natürlich *strictly confidential* gearbeitet. Informationen bleiben in der Agentur und werden dort immer wieder umgewälzt. Das verzögert das Zeitlimit eines Projektes enorm Richtung Unendlichkeit. Währenddessen ist es wie eine brachliegende Baustelle: Es wird noch theoretisch hektisch gearbeitet, während die Geräte rosten und dabei Geld verbrennen.

Es ist ein häufiges Problem, dass Entwicklungen und Konzepte stark verzögert entstehen, weil noch viele theoretische Möglichkeiten und Eventualitäten berücksichtigt und diskutiert werden müssen. Ich empfehle dringend, frühe Entwicklungsschritte einigen Entscheidern und einer geringen Teilöffentlichkeit vorzustellen und sich auf dem experimentellen Weg an eine Problemlösung heranzuarbeiten. Dass Sie dabei natürlich nicht den Kopf ausschalten, versteht sich von selbst.

Aber die theoretischen Überlegungen weichen einer praktischen Beobachtung und einer kognitiven Reflexion des Verlaufs. Der Vorteil dieser Methode ist, dass Sie praxisrelevante Erfahrungen unter realistischen Bedingungen gewinnen, statt sich mit theoretischen Herleitungen herumschlagen zu müssen, die in der Praxis vielleicht gar nicht entstehen. Die übliche Denkhaltung *„gut ist nicht gut genug"* mag hübsch klingen und nett gemeint sein, hält aber auf und kostet sehr viel Geld. Sie wird oft von Menschen vertreten, denen an einer schnellen Problemlösung oder einem raschen Markteintritt wenig gelegen ist. Seien Sie solchen Bestrebungen gegenüber immer misstrauisch. Gut *ist* gut genug und besser wird es im Einsatz unter realen Bedingungen. Nicht anders macht es die Feuerwehr: Theoretische Grundlagen müssen vermittelt werden, um überhaupt eine Einsatzkompetenz zu haben und keine Gefahr für sich und andere darzustellen. Hat man die erreicht, geht es in die Simulation und dann in den praktischen Einsatz. Nachwuchskräfte müssen schnell verfügbar sein. Sich ewig mit theoretischen Komplikationen aufzuhalten, ist nachlässig und fahrlässig allen Betroffenen gegenüber.

Praxistipp
Zögern Sie nicht. Unterziehen Sie Konzepte und Strategieentwürfe frühestmöglich einem Test auf Praxistauglichkeit. Gehen Sie dabei vom inneren Kreis aus (Projektentwicklungsteam), von dort über die mittleren Kreise (unternehmensintern aber außerhalb des Projektteams) von dort über eine Teilöffentlichkeit (ausgewählte Testpersonen, unternehmensextern) und schließlich in die komplette Öffentlichkeit.

Literaturangaben und weiterführende Literatur

Bilstein, F., F. Luby, und H. Simon. 2006. *Der gewinnorientierte Manager.* Frankfurt a. M.: Campus.

Malik, Fredmund. 2008. *Die richtige Corporate Governance.* Frankfurt a. M.: Campus.

Organisch statt kristallin

19

Kennzahlen, Kurse, Statistiken, Balkengrafiken, Linienorganisationen, Organigramme und vieles andere mehr: Unsere Wirtschaft ist eine Welt kristalliner Strukturen. Sie sind geordnet, mess- und berechenbar, sie sind vorhersehbar und konstant – das sind die Vorteile. Sie sind aber im selben Maße brüchig und starr – und das sind die größten Nachteile.

Kristalline Strukturen bestechen durch ihre vermeintliche Transparenz, man glaubt, immer zu wissen, woran man ist und wie sich eine Entwicklung fortsetzt. Tatsächlich haben sie durch die unbestrittene Berechenbarkeit einen hohen Nutzwert und verdienen einen festen Platz in einem linearen System. Vermutlich gibt es tatsächlich einige wichtige und bewahrenswerte Gesetzmäßigkeiten und Formeln, die unverzichtbar sind und deren Anwendung fortgeführt werden muss. Viele andere allerdings halte ich für verzichtbar. Etliche Kennzahlen geben eine ungenügende Abbildung der Wirklichkeit oder eine gute Abbildung eines viel zu kleinen Ausschnitts wieder.

Menschen, die Gesellschaft, die Wirtschaft, der Kosmos und auch das Leben aber sind organische Systeme, mit dynamischer, flexibler Struktur und phasischer Stabilität. Das zu verstehen ist elementar, denn hier liegt die Ursache vieler werblicher und wirtschaftlicher Krisen begründet. Was geschieht, wenn kristalline Strukturen unter bestimmten Bedingungen in organische eindringen, kann man erfahren, wenn man versucht, Himbeeren einzufrieren. Die Eiskristalle zerstören die Zellmembranen und lassen die Früchte nach dem Auftauen in sich zusammenfallen und matschig werden. Mit einer Himbeere hat das nur noch wenig zu tun.

Hierzu habe ich das Funktionelle Phasenmodell formuliert, das ich Ihnen kurz beschreiben möchte. Es ist sehr theoretisch, wie das von einem Werbetheoretiker manchmal zu erwarten ist. Aber es hilft.

Organische Systeme sind ineinander und miteinander agierende Systeme. Das zu erkennen ist wichtig. Das Besondere ist, dass sie sich von ihrer Umgebung nicht dezidiert abgrenzen lassen. Es sind ausnahmslos Verbundsysteme, stehen also in einer mittelbaren und unmittelbaren energetischen Wechselbeziehung zueinander. Jedes hat zwar seine Kontur, eine feste Grenze aber hat es nicht. Die Konturierung macht ein System definierbar und sprachlich wie auch inhaltlich begreifbar.

An der Kontur, seiner daraus entspringenden Bedeutung und dem daraus hervorgehenden Begriff können wir ein beliebiges System als *Betrachtungssystem* benennen. Von diesem ausgehend, bezeichne ich die darüber liegende Systemebene als *Makrosystem* und die darunter liegende Systemebene als *Mikrosystem*. Wenn ein Betrachtungssystem also das Sonnensystem wäre, dann wäre ein Planet das Mikrosystem und die Galaxie das Makrosystem. Hieraus geht hervor, dass mehrere Mikrosysteme ein Makrosystem bilden, welches wiederum Mikrosystem eines weiteren Makrosystems ist und so weiter.

Das macht jedes Betrachtungssystem also zum Übergangssystem, einen definierbaren energetischen Zustand zwischen zwei Systemebenen. Diese Systemebene besteht aus der Anzahl gleichwertiger Systemkomponenten n. Das bedeutet für das obige Beispiel: Eine Galaxie besteht aus n Sonnensystemen und jedes Sonnensystem besteht aus n Sonnen und n Planeten und n Monden, von denen jeder aus n Elementen besteht, von denen jedes aus n Molekülen besteht, von denen jedes aus n Atomen besteht und so weiter. Nach oben ergeben n Galaxien ein Universum, n Universen vielleicht ein Superuniversum und so weiter. Auf einer Systemebene stehen also mehrere gleichwertige Systemkomponenten, zum Beispiel die Planeten. Ein Planet ist dabei zwar ein eigenes Betrachtungssystem, aber noch kein Sonnensystem. Die Planeten sind also ebenbürtige Systemkomponenten einer Ebene.

Das ist natürlich beim Menschen genauso, wenngleich auch erheblich komplexer. Tatsächlich lässt sich dieses Modell auf jede vergangene, rezente oder zukünftige Entität anwenden. Doch noch sind wir nicht beim Wichtigsten.

Es wurde dargestellt, dass mehrere Ebenen existieren: eine Betrachtungsebene, eine übergeordnete Makroebene und eine untergeordnete Mikroebene. Kompliziert wird es erst jetzt. Ich behaupte nämlich, dass keines der Systeme isoliert existiert, sondern lediglich durch den Begriff, also seine Betrachtung! Ein Planet ist die Betrachtung des Übergangszustandes der Mikroebene *Element* in die Makroebene *Sonnensystem*. Nur indem ich ihn isoliert betrachte, wird er ein eigenes System, eine Kontur und ein Begriff, aber eben lediglich ein Betrachtungssystem, ein Zustand. Alle Mikrosysteme ergeben den Zustand Planet. Löst man sie aus dem Verbund, gibt es auch den Planeten nicht mehr.

19 Organisch statt kristallin

Wenn ich Sie bis hierhin nicht restlos verwirrt und zur Verzweiflung gebracht habe, können Sie jetzt durchatmen, Sie haben es geschafft. Jetzt kommt nur noch der Schluss und Nutzwert aus der ganzen grauen Theorie. Den Zustand, der oben herausgearbeitet wurde, bezeichne ich als Phase. Diese Phase ist von dem Zusammenspiel aller Komponenten einer Systemebene in Abhängigkeit der Phasenqualität des jeweiligen Mikro- und Makrosystems bestimmt und kann stabil oder instabil sein. Lösen sich die Planeten und Monde aus ihrem Verbund, ihrer Phase, beeinträchtigt das ihr Sonnensystem und auch das Geschehen in ihrem Inneren. Die Phase ist aufgehoben und damit sind alle anderen Phasen ebenfalls beeinträchtigt. Ob positiv oder negativ, ist nie zu entscheiden.

Damit wissen Sie aber jetzt, wie die Dinge zusammenhängen und welchen Einfluss Sie mit Ihrer Werbung haben können. Sie sind nicht nur ein Effekt, den man flüchtig in die Welt ruft, Ihr Wort, Ihr Bild, Ihr Produkt und Ihr Unternehmen können einen erheblichen Einfluss auf Zustände und Zusammenhänge haben, den Sie vielleicht gar nicht ermessen können.

Wichtig ist, dass Sie erkennen: Entscheidend sind erstens die Systemphase und zweitens der Austausch, die Verbindungsenergie zwischen den Systemen. Denn hier finden Systembildung, Wachstum und Entwicklung statt.

▶ Und dieser Austausch, diese Verbindung ist bei allen Systemen mit menschlicher Beteiligung zu 80 % Werbung!

Aus diesem Modell leite ich für Sie zwei Aufgaben ab, die sich aus der Phasenqualität ergeben. Damit Phasen stabil und krisensicher bleiben, bedürfen sie bestimmter Einwirkungen der Betrachtungssysteme. Dem Mikrosystem gegenüber muss ein Betrachtungssystem schützend und fürsorglich sein. Dem Makrosystem gegenüber muss ein Betrachtungssystem unterstützend und förderlich sein. Den Komponenten derselben Ebene gegenüber müssen Betrachtungssysteme hilfreich und kooperativ sein. Das müssen Sie in Ihrer Führungsverantwortung berücksichtigen. Gleich, ob Sie für die Personen-, Meinungs-, Ergebnis-, Beziehungs- oder Lebensführung verantwortlich sind.

Funktionelle Werbung, wie ich sie verstehe, ist die Verbindung und Verstärkung aller Fähigkeiten, Vermögen und Kompetenzen mit dem Ergebnis einer höheren Leistung und eines stärkeren Zusammenhaltes. Verabschieden Sie sich dazu weitestgehend von allen oben aufgeführten kristallinen Strukturen und verlassen Sie sich ganz auf die hohe Ergebniswirkung der organischen. Diese sind im Wesentlichen:

1. Erläuterung
2. Bericht
3. Report
4. Erzählung
5. Diskursiver Dialog

Praxistipp

Das Leben ist dynamisch, die Neuroplastizität auch und die Sprache ebenso. Passen Sie die Informationsübermittlung diesen Bedingungen an: Nutzen Sie jeden Effekt, den Informationen auf das kommunikative System haben auch zur Verbesserung. Kein Konzept ist in Stein gemeißelt, scheuen Sie sich nicht vor parallelen Korrekturen. Jeder gelungene Kommunikationsprozess ist Fremd- und Eigensteuerung zugleich!

Literaturangaben und weiterführende Literatur

Frege, Gottlob. 2008. *Funktion, Begriff, Bedeutung – Fünf logische Studien*. Göttingen: Vandenhoeck und Ruprecht.
Graf von Bernstorff, A. 2012. *Einführung in das Campagning*. Heidelberg: Carl Auer.
Wilhelm, R. 2010. *I Ging – Buch der Wandlungen*. 2. Aufl. (Übers. R. Wilhelm). Wiesbaden: marix.

Bewahrung eigener und fremder Stärken statt Vernichtung des Feindes

Wettkämpfer und Wettbewerber lieben Machiavelli, von Clausewitz und Sun Tsu. *„Der Fürst"*, *„Vom Kriege"* und *„Die Kunst des Krieges"* stehen in fast jedem Managerbüro-Regal, ob gelesen oder nicht. Schaut man sich heute auf den Märkten um, möchte man sich tatsächlich wappnen; Verdrängungskämpfe und Vernichtungskriege überall, Monopolbestrebungen und unsinniges, krebsartig wucherndes Wachstum, das mehr Energie kostet als einbringt.

Alle befinden sich im Clinch mit jedem und immer geht es um Gunst und Geld der Verbraucher. *Kampagne* entstammt dem lateinischen Wort *Campus* für Feld und wurde im Sinne eines Feldzuges verwendet. Von dieser Haltung sollte man sich jetzt guten Gewissens verabschieden, es gibt drei sehr gute Gründe für ein neues Denken.

Zum einen gilt Kants kategorischer Imperativ, der besagt, dass man nur nach derjenigen Maxime handeln solle, von der man zugleich wollen kann, dass sie ein allgemeines Gesetz werde. Im Volksmund ist diese sogenannte Goldene Regel besser unter der Negativformulierung *„was du nicht willst, das man dir tu´, das füg´ auch keinem anderen zu"* bekannt. Eine Positivformulierung findet sich im Matthäus-Evangelium und lautet *„alles, was ihr also von anderen erwartet, das tut auch ihnen."*

Zum anderen ist ein wesentlich höherer positiver Gewinn, ein Unternehmen oder eine Unternehmung auf das Gemeinwohl auszurichten, solange man diesen Wert nicht zur Verschleierung eigener Profitmaximierung missbraucht. Gemeinwohl heißt nicht nur allen Mitgliedern ein faires Miteinander und eine würdige Existenz zu ermöglichen, sondern auch aktiv dazu beizutragen, dass ein angemessener Wohlstand allen zuteil wird!

Zum Dritten ist die direkte Konfrontation ein Ereignis hohen Energieverlustes. Prallen zwei Körper, die zuvor eine Beschleunigungsenergie aufgenommen haben, aufeinander, entlädt sich diese Energie beim Auftreffen schlagartig. Die Zerstörungsgewalt ist immens – das Neuordnungspotenzial unter Umständen zwar auch, die Frage ist aber, ob man das gewollt hat. Neuordnungen durch Zerstörungen sind nämlich nur in Ausnahmefällen sinnvoll oder planbar, das eigentliche Bestreben ist der Erhalt. Die Möglichkeit, aus potenzieller Energie kinetische Energie zu erzeugen, ist eine Eigenschaft offener Systeme und damit wesentlicher Bestandteil der eigenen Existenzkraft. Diese wiederum ist eine Verbindungs-, Bewahrungs- und Wandlungsenergie.

Damit sind wir bei der für einen gesunden Wettbewerb, der eine gegenseitige Reifung begünstigen soll, richtigen Literatur: dem chinesischen *I-Ging*, dem Buch der Wandlungen. Hier werden die energetischen Prozesse in offenen Systemen berücksichtigt und eine Form gefunden, die es allen Komponenten ermöglicht, nach ihren Möglichkeiten und unter allen gegebenen Bedingungen erfolgreich, wachstumsstark und hochentwickelt zu werden.

Geben Sie den Konkurrenz- und Vernichtungskampf auf und stecken Sie die gewonnene Energie in die eigene Entwicklung und die positive Wandlung Ihres Umfeldes. Für die Werbung als Speerspitze der Kommunikation gilt das in besonderem Maße. Hier kann viel Energie umgelenkt werden, statt sie in sinnlosen Wettbewerben zu verpulvern und schlimmstenfalls die Existenz der Unternehmung zu gefährden oder zu schwächen.

Ihre Aufgabe in der Werbung muss es sein, die eigenen Fähigkeiten und Möglichkeiten zu schützen, statt fremde zu zerstören!

Praxistipp

Kämpfen Sie nicht, gestalten Sie. Nehmen Sie die Aggression aus Ihrem Tun und lassen Sie Raum für Transformation. Sie wollen etwas verändern, nicht vernichten. Erkennen Sie die Kraft, die in den Dingen liegt, und beachten Sie, dass zu jeder Kraft auch eine Gegenkraft gehört. Wandeln Sie diese in eine Kraft, die für Sie arbeitet, statt Sie zu vernichten.

Literaturangaben und weiterführende Literatur

Graf von Bernstorff, A. 2012. *Einführung in das Campagning*. Heidelberg: Carl Auer.
Wilhelm, R. (Übers.). 2010. *I Ging – Buch der Wandlungen*. 2. Aufl. Wiesbaden: Marix.

Entwicklung statt Planung 21

Planungen sind das Lieblingsinstrument der Strategen, Planungskonferenzen demzufolge auch der Lieblingszeitvertreib. Pläne können architektonisch exakt konstruiert, berechnet, erweitert, verworfen, um- oder neugestaltet, berichtigt und durchdacht werden. Ganze Projektteams können in Planungsphasen von produktiver Arbeit abgehalten werden und in einer Art Paralleluniversum ein eigenes, isoliertes Dasein führen. Kontrolliert werden muss ein Planungsteam allerdings auch und zwar in Bezug auf Qualität und Quantität, weshalb es auch noch ein Qualitäts- und Controlling-Team gibt, das sich dem Planungsteam widmet. Zur Sicherheit gibt es zum Plan gerne noch einen Plan B, der die Schwächen von Plan A, dem Masterplan, auffangen soll. Damit wird ein Unternehmen zur Kopfgeburt, zum Superhirn und zum zahnlosen Tiger.

Ich empfehle, Kopf- und Entwicklungsarbeit frühzeitig zu verknüpfen. Erstellen Sie Beta-Versionen und gehen Sie frühzeitig in Testphasen mit dem Anspruch der Qualitätsverbesserung. Manche Dinge entwickeln sich ohnehin ein Leben lang, und ausnahmslos alles ist sich verändernden Bedingungen unterworfen und steht unter Anpassungsdruck. Die einen früher, die anderen später, manche schneller, manche langsamer, aber im Laufe einer gewissen Zeitspanne wird sich alles wandeln müssen. Da können Sie genauso gut gleich damit anfangen. Zudem sind die meisten guten Ideen schon im Frühstadium ein veritabler Gewinntreiber, und es ist nicht einzusehen, warum man diese Gewinne zugunsten schwerfälliger Master- und Ausweichplanung versickern lassen soll. Zudem geht in Ausweichplänen zusätzliche Energie verloren, die man nicht braucht, wenn man sich voll auf die Erfüllung des ersten Planes konzentriert.

> **Praxistipp**
>
> Erstens kommt es anders und zweitens als man denkt. Diese flache Volksweisheit hat eine Berechtigung: Konzepte sind linear, kommunikative Systeme sind nichtlinear. Gehen Sie bei der Entwicklung Ihrer Kommunikation folgendermaßen vor: Bilden Sie einen Strang nach der linearen Argumentation. Beginnen Sie mit dem schwächsten Argument und schließen Sie mit dem stärksten. Detektieren Sie Reaktionen aus der Umwelt. Modifizieren Sie die lineare Argumentation anhand dieser Reaktionen.

Prozesspotenzial statt Zielvorgaben 22

Aus dem bereits erwähnten chinesischen Ausnahmewerk *I-Ging* geht hervor, dass alle Energie in einem System bereits erhalten ist. Das führt zur brennend wichtigen Diskussion über quantitative Zielvorgaben. Kein vernünftiger Vater und auch keine vernünftige Mutter werden ihrem Kind sagen: „D*u musst essen und trinken, damit du an deinem zwanzigsten Geburtstag 182 cm groß bist.*" Es ist dafür zu sorgen, dass das Kind sich gemäß seiner Fähigkeiten und Möglichkeiten innerhalb der gegebenen und zu schaffenden Umwelt gesund, fröhlich und zukunftsfähig entwickelt.

Aus dem „*Yin und Yang*" wissen wir, dass alle positiven und negativen Erscheinungsformen einer Sache oder eines Themas bereits in dessen Anlage enthalten sind. Diese Erkenntnis kann man nutzen, wenn man sich vom westlichen, linearen und konfrontativen Denken löst und die fernöstliche, umfassende, kooperative Denkweise annimmt. Kooperativ bedeutet hier nicht, dass es eben keine Unterschiede gibt, sondern, dass gegenläufige Energien in eine förderliche Richtung umgewandelt werden. Dadurch entsteht keine Friktion, sondern eine Leistungsverstärkung, eine Kumulation.

Für die Werbung ist von Bedeutung, dass sie sich quantitativen, linearen Prozessen und Zielvorgaben gegenüber verweigern muss. Dafür ist alles Augenmerk auf die Prozesspotenziale zu richten. Versuchen Sie immer, Dualität und Doppelwirkung zu einem Wert und einer Erkenntnis zu formulieren und zu berücksichtigen.

Sie müssen herausfinden:

- Welche Werte können Sie wirklich isolieren?
- Wer wird von diesen Werten beeinflusst?
- Welchen positiven Einfluss haben die Werte auf welche Interessengruppen?

- Welchen negativen Einfluss haben sie?
- Welchen Nutzen werden sie stiften?
- Welchen Schaden werden sie zugleich anrichten?
- Wie können Sie den Nutzen steigern?
- Wie können Sie den Schaden begrenzen?

Haben Sie diese Fragen beantwortet, können Sie das Prozesspotenzial sehr gut einschätzen. Sie können die Wirkungen der positiven und negativen Energien vorhersehen und die Richtung der Bündelung festlegen, um Schaden zu vermeiden und den Erfolg zu fördern. Dies sollte Grundlage Ihrer operativen Planung sein. Oberstes Ziel ist die Friktionsfreiheit, die eine erhebliche Kostensenkung erlaubt und im Hinblick auf die momentane Wirkungsschwäche der Werbung bei gleichzeitig hohem Investitionsaufwand für die Unternehmen von großer Bedeutung ist.

Praxistipp
Die Welt besteht nicht aus Dingen, sondern aus Prozessen. Diesen Satz des bekannten Physikers Carlo Rovelli sollten Sie sich zu Herzen nehmen. Ein guter Vermittlungs- und Verbindungsprozess kann Schwächen in der Substanz ausgleichen.

Literaturangaben und weiterführende Literatur

Clarke-Epstein, C. 2003. *78 Schlüsselfragen, die jede Führungskraft kennen und beantworten sollte*. Wien: Linde.
Ebeling, K., und M. Gillner. 2014. *Ethik Kompass*. Freiburg i. Br.: Herder.
Frege, Gottlob. 2008. *Funktion, Begriff, Bedeutung – Fünf logische Studien*. Göttingen: Vandenhoeck und Ruprecht.
Fuchs, T. 2004. *Das Gehirn – ein Beziehungsorgan*. 2. Aufl. Stuttgart: Kohlhammer.
Graf von Bernstorff, A. 2012. *Einführung in das Campagning*. Heidelberg: Carl Auer.

Auf dem Weg wirken statt erst im Ziel 23

Das führt mich zu einer Spezialform von Werbemaßnahmen: den Teaser-Kampagnen. Sie verschleudern ein enormes Wirkpotenzial, um damit die Verbraucher zu necken (engl. to tease). Wenn die Interessengruppen dann endlich merken, worum es geht, sind sie entweder von den bisherigen Aktivitäten schon genervt, haben das Interesse verloren oder stehen der Auflösung genauso positiv oder negativ gegenüber wie einem Werbemittel, das man schon am Anfang veröffentlicht hätte.

Bis dahin wurde respektabel investiert, geplant, kreiert und produziert – aus meiner Sicht ohne Grund. Erstens sollte man Menschen, deren Zuwendung wichtig ist, nicht zu lange mit einem Thema im Unklaren lassen. Zweitens gilt die Weisheit „Vorfreude ist die schönste Freude" tatsächlich nur für Dinge von sehr hohem Wert und großer Bedeutung, und drittens verliert man bei einem zu hohen Aufkommen von Teasern oder einer zu langen Teaser-Phase einfach die Lust und die Freude am Ereignis. Was die Vorfreude betrifft, beispielsweise auf ein neues Album oder das Nachfolgemodell eines Handys, ist sie umso größer, je genauer man sich über die Verbesserungen und Vorteile im Klaren ist. Teaser funktionieren eigentlich nur bei Geschenken wirklich gut und auch dort nur über einen sehr kurzen Zeitraum. Wer zu lange warten muss, verliert die Lust auf das Geschenk oder wird unleidlich vor Ungeduld.

Das Potenzial früher Schritte ist nicht zu unterschätzen und auch hier hilft die Erkenntnis, dass Werbung nicht der Zweck, sondern das Mittel ist und *nebenbei* geschieht. Während ein Unternehmen also seinen Zweck erfüllt, berichtet es den Interessengruppen stetig über die Entwicklungen und Erfahrungen. Daher kann man den Wert des Themas für sich immer genau einschätzen und Produkte wie Lebenskonzepte perfekt abstimmen.

Ziel von Werbung muss es sein, ein Thema berechenbar zu machen, nicht unberechenbar. Ein Sinn, ein Wert, ein positiver Gewinn muss früh und dauerhaft

© Springer Fachmedien Wiesbaden GmbH, ein Teil von Springer Nature 2018
R. H. Gärtner, *50 Tipps für eine wirkungsvolle Zielgruppenansprache*,
https://doi.org/10.1007/978-3-658-21367-1_23

erkennbar sein, mit den eigenen Konzepten in Einklang zu bringen sein und sich in die Arbeits-, Freizeit- und Selbstkonzeption dauerhaft und verlässlich integrieren. Das ist ein anhaltender Prozess, ein Flow, der jede Zielwirkung verbietet, da seine Wirkung immer eine Prozesswirkung sein muss.

> **Praxistipp**
> Wirkung beginnt, wenn der Prozess beginnt. Legen Sie Ihre ganze schöpferische Energie in den Anfang. Aus einer Singularität – dem Urknall – hat sich alles entwickelt, was sich heute beobachten lässt. Nie ist es so einfach, Großes zu erschaffen, wie am Anfang!

Literaturangaben und weiterführende Literatur

Graf von Bernstorff, A. 2012. *Einführung in das Campagning*. Heidelberg: Carl Auer.
Hardy, J., und C. Schamberger. 2012. *Logik der Philosophie*. Göttingen: Vandenhoeck und Ruprecht.
Herrmann, C., und C. Fiebach. 2004. *Gehirn und Sprache*. Frankfurt a. M.: Fischer Taschenbuch.

Außen- und Innenwirkung statt Außenwirkung

24

Werbung kann wesentlich mehr als Absatz fördern und Aufmerksamkeit erregen. Im Kapitel „Universalwirkung statt Segmentwirkung" habe ich Ihnen die Interessengruppen vorgestellt und die Punkte, in denen ein Unternehmenszweck mit diesen Interessen durch Werbung verbunden werden kann. Daraus geht eine hohe Innenwirkung hervor, die bislang fast immer unterschlagen oder übersehen wird.

Funktionelle Werbung ist ein hochwirksames Instrument der Personalentwicklung und Produktivitätssteigerung. Durch die veränderte Rezeptur und Wirkungsausrichtung eignen sich die in diesem Buch vorgestellten Denk- und Vorgehensweisen hervorragend zum Einsatz im Inneren. Sie steigern:

- Arbeitsproduktivität
- Geldproduktivität
- Wissensproduktivität
- Zeitproduktivität
- Totale Faktorenproduktivität

Wenn Sie sich damit vertraut gemacht haben, wie Funktionelle Werbung arbeitet, können Sie die oben genannten Produktivitätsbereiche ohne großen Mehraufwand in ihrer Ertragskraft stärken. Für Werbeagenturen ergibt sich hier eine interessante Erweiterung des Tätigkeitsspektrums und Unternehmen profitieren von dem Komfort, die gesamte interne und externe Unternehmenskommunikation aus einer Hand und aus einem Guss professionell fertigen zu lassen.

Die Förderung der Arbeitsproduktivität ist eines der wichtigsten Themen der Funktionellen Werbung. In der heutigen Zeit wird darunter allzu oft Ausbeutung oder zumindest Ausnutzung verstanden oder – sofern es Umwelt und Ressourcen betrifft – Raubbau. Tatsächlich verhindern diese Vorgehen eine stabile Produktivität und werden in absehbarer Zeit für erhebliche Einbußen und hohe Reparationskosten sorgen. Ein fürsorglicher, schützender Umgang mit Menschen auf jeder Leistungsebene ist absolute Grundvoraussetzung eines jeden gesunden und wachstums- wie auch leistungsorientierten Unternehmens. Die Produktionsbedingungen lassen sich bei optimalen oder gar idealen Bedingungen in den allermeisten Fällen durch den Einsatz Funktioneller Werbung im Inneren verbessern. Dazu müssen die Themen nach der bereits vorgestellten TABEA-Formel in Ansprachen, Personalblättern, Rundmails oder dem Intranet vermittelt werden. Die Ausrichtung der Funktionellen Werbung an positiven Gewinnen und Leistungsverbund schafft dabei eine Freisetzung verborgener oder inaktiver, aber bereits vorhandener Ressourcen und Energien. Ziel ist immer die Produktionssteigerung bei gleichzeitiger Interessenerfüllung. Das schafft Leistungsfreude und fördert das Engagement. Das gilt für alle Systemebenen, von der Spitze an die Basis und für den Außendienst.

Die Förderung der Geldproduktivität wird auch in Zukunft eine bedeutende Rolle einnehmen, sie wird in der Öffentlichkeit gerne als Profitgier missverstanden, weil man nur isolierte Ausschnitte ohne Zusammenhänge betrachtet. Hier zu nennen ist zunächst der Gewinn, der auch in Managementkreisen kontrovers diskutiert wird. Während einige Managementberater für eine Fokussierung des Gewinns plädieren, raten andere, dem Gewinn keine große Aufmerksamkeit zu schenken. Richtig lag Hermann Josef Abs, der erkannte, dass der Gewinn eines Unternehmens wie die Luft sei, die der Mensch zum Atmen brauche, und daraus schloss, dass man ja nicht nur zum Atmen auf der Welt sei. Gewinne müssen zwei Eigenschaften aufweisen. Sie müssen a) positiv sein, also keinen Schaden an Mensch und Umwelt verursachen, und b) gegenseitig sein, also alle Interessengruppen materiell oder immateriell zufriedenstellen und einen angemessenen Wohlstand ermöglichen. Zusätzlich ist festzuhalten, dass sich auch die Produktivität von Vermögen, Fremdkapitaleinlagen und anderen Finanzthemen wie Liquidität und Cash-Flow durch die Maßnahmen der Funktionellen Werbung gegenüber den entsprechenden Interessengruppen steigern lässt. Beachten Sie folgenden Merksatz:

> ▶ Es ist immer richtig, den Gewinn über alle anderen Unternehmensziele zu stellen, es ist aber immer falsch, den Gewinn über die Menschlichkeit zu stellen.

Die Wissensproduktivität ist ein Thema, dem sich viele Unternehmen in Zukunft verstärkt zuwenden müssen, da es sich in der momentanen globalen Entwicklung als ultimativer Erfolgstrend abzeichnet. Wissen wird in den kommenden zwanzig

Jahren meiner Einschätzung nach die entscheidende Ressource in allen Branchen sein. Aufgabe der Produktivitätssteigerung in diesem Bereich ist es, gute Ausbildungen zu finanzieren, entsprechende Bildungsprogramme zu gründen oder zu etablieren, Wissens- und Kopfarbeiter hoher Qualität anzuwerben, zu halten, zu entwickeln und zu integrieren.

Die Zeitproduktivität zielt darauf ab, reaktionsschneller auf einem dynamischen Markt zu sein. Das beginnt bei der Entwicklung von Innovationen oder Lösungen, bei der Bewältigung von Aufgaben und führt über die Zeitersparnis von Routineprozessen bis hin zur verkürzten Eintrittsphase und schnelleren Ergebnissen des Vertriebs. Dabei ist nicht von höherem Druck die Rede, denn dieser ist immer kontraproduktiv. Hier ist von einer Qualitätsverbesserung die Rede, wie Sie sie durch die Innenwirkung der Funktionellen Werbung erreichen können.

Die Totale Faktorenproduktivität schließlich ist der in meinen Augen ausschlaggebende Punkt. Einzelne Faktoren zu verbessern, wird in den meistes Fällen einen geringen Effekt auf das Gesamtergebnis haben und dadurch schnell zu Frustration und Enttäuschung führen. Erst im Hinblick auf eine Verbesserung der Gesamtfaktorenproduktivität werden sich zufriedenstellende Gesamterfolge und Gesamtgewinne einstellen.

Praxistipp
Achten Sie auf Produktivität! Prüfen Sie den produktiven Ertrag Ihrer Leistungen. Stiftet ein Projekt weder Sinn noch Nutzen, geben Sie es auf. Verfolgen Sie ausschließlich sinn- und nutzenstiftende Unternehmungen. Lassen Sie die Bewertung auch von unabhängiger Seite bestätigen!

Literaturangaben und weiterführende Literatur

Bilstein, F., F. Luby, und H. Simon. 2006. *Der gewinnorientierte Manager*. Frankfurt a. M.: Campus.
Graf von Bernstorff, A. 2012. *Einführung in das Campagning*. Heidelberg: Carl Auer.
Hardy, J., und C. Schamberger. 2012. *Logik der Philosophie*. Göttingen: Vandenhoeck und Ruprecht.
Malik, Fredmund. 2008. *Die richtige Corporate Governance*. Frankfurt a. M.: Campus.

Starke, anhaltende emotionale Disposition statt schwacher, flüchtiger emotionaler Episode

Werbung ist heute gepolt auf schnelle, spektakuläre Effekte. Der Produktionsaufwand vieler Werbeformate liegt auf dem Niveau von Hollywood-Produktionen. Animationen und Special Effects sind an der Tagesordnung und auch auf dem Printsektor wird zunehmend geklotzt statt gekleckert.

Die Werbemaßnahmen der Gegenwart sollen emotional gestaltet sein, um den Rezipienten persönlich zu erreichen und Beteiligung oder gar Betroffensein auszulösen. Dazu bedient man sich einer Eigenschaft, die der Emotionspsychologie entlehnt ist.

Eine emotionale Episode ist das flüchtige und oberflächliche Auftreten einer bestimmten Emotion wie Angst, Sorge, Anteilnahme, aber auch erotische Stimmung oder Begeisterung und Freude. Alle diese Emotionen sind häufige Themen in Werbemitteln. Das Problem dabei ist nur, dass Verbraucher bei der heutigen Flut von Werbebotschaften gar nicht mehr in der Lage sind, all diese Emotionen mit- oder nachzuempfinden. Alleine in einem einzigen Werbeblock müsste man eine emotionale Achterbahnfahrt durchleben, bei der einem die Sinne schwänden. Die Emotionen sind für den Verbraucher also nicht mehr rezipierbar, abgesehen davon, dass ich sie in der Werbung ohnehin für hinderlich halte. Doch dazu später.

Die Position, um die es geht, ist die intensive, dauerhafte emotionale Disposition des Verbrauchers gegenüber Ihrer Leistung. Darunter verstehe ich eine überzeugte, langfristige positive Grundeinstellung, die sich auf dem Wert und Sinn Ihrer Arbeit begründet. Jedes Ihrer Werbemittel muss diese Grundeinstellung, wenn sie einmal erzeugt ist, immer wieder erneut bestätigen!

Dazu müssen Sie, wie bereits erwähnt, zu relevanten Erkenntnissen führen, positive Gewinne bieten und eine persönliche Verbindung herstellen, indem Sie sich und Ihr Unternehmen sowie seine Leistungsträger und Leistungen mit den Interessen und Anforderungen der Interessengruppen verbinden.

An dieser Stelle sind einige grundsätzliche Bemerkungen zum Thema Emotionalität und Rationalität in der Werbung angebracht: Hören Sie auf Ihre Intuition und lassen Sie Ihr Gefühl entscheiden – wenn das Ergebnis irrelevant ist. In allen anderen Fällen empfehle ich Ihnen, Ihre natürliche Logik zu benutzen. Aus gutem Grund: Besonders in der Werbung sind Emotionen ein sehr wichtiges, wenn nicht gar beherrschendes Thema. Mit zahlreichen, meist negativen Auswirkungen. Erstens kann man die emotionale Dichte als Verbraucher ohnehin nicht mehr mit- oder nachempfinden, wie ich bereits zu bedenken gab, und zweitens erfreuen sich Emotionen bei aller menschlichen Notwendigkeit eines zweifelhaften Rufs. Sie stehen nämlich in dem dringenden Verdacht, sehr unzuverlässig zu sein. Studenten einer amerikanischen Universität wurde in einem Versuch ein Vertretungsdozent mit Lebenslauf vorgestellt. Ohne Wissen der Studenten waren zwei Versionen dieses Lebenslaufes im Umlauf, die sich in allem glichen bis auf zwei Wörter. Nach der ausführlichen akademischen Vita schloss der eine mit den Worten „*Herr x ist als ein eher kühler Mensch bekannt*", der andere mit den Worten „*Herr x ist als ein sehr warmherziger Mensch bekannt*".

Nach einer Vertretungsstunde, in der alle Studenten dieselbe Erfahrung mit dem Dozenten und seiner Art zu unterrichten gemacht hatten, lehnten die einen seine Methoden und seine Persönlichkeit eher ab, die anderen waren ihm eher angetan. Verantwortlich dafür waren die Wörter *kühl* und *warmherzig*.

Soweit zum Thema Verlässlichkeit der Emotionen. Die viel größere Gefahr aber sehe ich im Manipulationsverdacht, der sich bei emotionalisierenden Konzepten aufdrängt und nur schwer widerlegen oder zurückweisen lässt, wenn stichhaltige Argumente und Inhalte fehlen. Bei der gegenwärtigen Vertrauenskrise der Werbung kann es nur vernünftig sein, sich jeglichem Manipulationsvorwurf zu entziehen. Entscheidungen, die auf Emotionen beruhen, sind zudem keine echten Entscheidungen, sondern werden instinktiv getroffen. Wenn man die Unsicherheit in der Wirkungsdauer emotionaler Momente berücksichtigt, wird verständlich, warum bei Menschen, die aus einer starken emotionalen Stimmung heraus eine Kaufentscheidung treffen, bald die Kaufreue folgt. Umso vorsichtiger und misstrauischer werden sie nach solchen Erfahrungen. Ich bin mir nicht sicher, ob man dazu raten kann.

Die einzige Emotion, die ich für unverzichtbar und deshalb vermittlungspflichtig halte, ist das Gefühl der subjektiven Gewissheit bei allen Interessengruppen dem Unternehmen und allen Unternehmensleistungen gegenüber. Dieses wird in der führenden Managementliteratur allerdings bestritten. Dort vertritt man die Ansicht, dass eines der entscheidenden Hindernisse gerade das Gefühl der subjektiven Gewissheit sei, da dies in der Regel mit Emotionen verbunden wäre. Das Gegenteil trifft zu. Nur wenn ich mit natürlicher Logik aus einer schlüssigen

Argumentation Erkenntnisse gewonnen habe und alle Zweifel beseitigen kann, stellt sich das Gefühl der subjektiven Gewissheit überhaupt erst ein. Das macht es zum einzigen wirklich notwendigen Gefühl in der Werbung!

> **Praxistipp**
> Emotionen sind die Grundlage unseres Denkens und Handelns und wesentlicher Bestandteil von Menschlichkeit und Personalität. Ohne Emotionen sind Informationen nicht bewertbar und Leistungen nicht vermittelbar. Verfallen Sie aber deshalb nicht in Schwulst oder Rührseligkeit, wie das heute manchmal der Fall ist. Pure Emotion kann nämlich mehr schaden als nutzen. Verben, Adjektive und Adverbien bringen Emotionalität am besten zum Ausdruck. Nomen, Präpositionen und Konjunktionen sind eher der Sachlichkeit zugeordnet.

Identische Werbung statt identischer Produkte 26

Eines gleich vorweg: Identische Produkte gibt es nicht. Wer das behauptet – und das sind viele –, ist einer zu einseitigen Sichtweise verfallen. Selbst wenn Sie den obigen Satz noch einmal lesen, hat sich im Vergleich zum ersten Mal vieles verändert. An Ihnen, an Ihrer Umgebung und auch die Zeit ist eine andere. Mit den Produkten verhält es sich nicht anders. Das zur Verdeutlichung der Gleichheit oft herangezogene Ei ist mit einem anderen eben nicht identisch. Unterschiede gibt es viele, und es ist die Aufgabe der Werbeagentur, diese zu finden, zu formulieren und zu vermitteln. Eier unterscheiden sich nicht so sehr in ihrer Form, wohl aber in Farbe, Sprenkelung, chemischer Zusammensetzung, Kalkgehalt, Proteingehalt, Dottermasse, Dotterfarbe, Größe, Gewicht, Legeort, Legehenne, Legezeitpunkt, Legebedingungen, Futterbedingungen der Legehenne, Lebensbedingungen der Legehenne, Hahn, Bedingungen und Art des Hahns, Alter der Eltern, Stellung im Gelege, Eignung als Speise oder zur Speisezubereitung, Geschmack, Konsistenz und mit ausreichend Nachdenken sicher noch in vielem mehr.

Sie erkennen die Wichtigkeit des Nachdenkens über Gleichheit und Unterschiede und dass diese nicht aus dem kommunikativen Konzept entstehen müssen, sondern aus den Produkten selbst. Im Wesen sind nicht die Produkte immer ähnlicher, sondern die Werbung macht sie immer ähnlicher. Die Gleichheit ist eine erzwungene, eine Art erworbene Differenzierungsschwäche.

Da sich Werbeagenturen nur noch darüber den Kopf zerbrechen, wie sich eine Kampagne maximal von einer anderen unterscheidet, geht das Interesse daran, nach Produktdifferenzierungen zu fahnden, die nicht offensichtlich sind, völlig unter. Stattdessen redet man den Auftraggebern und Verbrauchern ein, Produkte wie das vorgestellte gäbe es viele, sie seien austauschbar und in Art und Verwendung identisch. Ein Trend, den es umzukehren gilt.

Produktdifferenzierungen lassen sich in allen Aspekten eines Unternehmens, seiner Position, Profilierung und Entwicklungskraft definieren und zwar aus allen Produktionsfaktoren. Zusätzliche Differenzierungswerte lassen sich aus Produktions- und Distributionsprozessen, Service, Lieferpolitik, Marke, der Unternehmens- und Unternehmerpersönlichkeit und vor allem aus den Geschäftsbeziehungen generieren.

Ich gehe sogar noch einen Schritt weiter und behaupte, dass im Sinne Funktionellen Werbens die Werbemittelgestaltung ganz in den Dienst der Produktdifferenzierung zu treten hat. Ein Medium, das äußerlich dem anderen zum Verwechseln ähnlich sieht, aber inhaltlich viel Neues zu bieten hat, wird weit mehr Nutzen bringen als eines, das sich spektakulär unterscheidet, aber inhaltlich keinen Unterschied macht. Schon lange plädiere ich für eine einheitliche Struktur der Print- und Telemedien, wenn es ums Werben geht, einfach aus der festen Überzeugung heraus, dass es das undifferenzierte Einheitsprodukt nicht gibt, sondern dass es durch die Werbung erst dazu erklärt wird, um Kreativkonzepte verkaufen zu können.

Hier ist wieder eine Funktionelle Kreativität gefragt, die in der Lage ist, Werte aus tieferen Schichten als den offensichtlichen zutage zu fördern und sie zum Leuchten zu bringen. Agenturen müssen in das Wesen eines Produktes vordringen, Verbindungen knüpfen und Kostbarkeiten heben, an denen man sonst allzu leicht vorbeisieht oder denen man für gewöhnlich keine Achtung zollt. Verbraucher haben durch die Werbekreation verlernt, auf die vielen Vorzüge zu achten, die ein Produkt zu bieten hat, einfach deshalb, weil niemand mehr darauf hinweist. Der kreative Spaß, das Verrückte, das Unkonventionelle und Ungewöhnliche sind zum ewigen Mantra der Agenturen geworden und das hat unsere Seh- und Wahrnehmungsgewohnheiten verändert. Achten Sie einmal bei sich darauf, an wie viele Werbefilme Sie sich nach einem Werbeblock erinnern können – und an wie viele Produkte. Das Verhältnis ist verblüffend. Von echten Produkt*werten* ist dabei noch gar nicht die Rede.

„Wir wollen eine Werbung, die heraussticht, die überraschend ist und die Leute flasht." Diesen Satz hört jeder in dieser oder ähnlicher Form, der sich mit der Umsetzung von Werbemaßnahmen beschäftigt. Ich frage mich: Warum? Warum stellt man keine eindrückliche Produktschau mehr her? Wann hat man die Werbung über ihre Aufgabe gestellt, und warum tun sich alle so schwer damit, diesen Fehler wieder zu korrigieren?

Man weiß es nicht und man wird es auch nicht herausfinden. Aber man kann es ändern, und jeder, der wirtschaftlich denkt, tut gut daran, diesen Trend umzukehren und sich wieder auf den Inhalt und die Differenzierung des Produktes zu konzentrieren statt auf Entertainment und Clownerie. Verantwortliche Werbung fragt nach den wahren Details, den Feinheiten, die es zu bestimmen und herauszustellen gilt. Darin unterscheiden sich die Meister ihres Faches von den Scharlatanen. Sie können Verbindungen erkennen, wo andere keinen Zusammenhang sehen, sie können Gold erspüren, wo andere nur Erde sehen, sie können Diamanten schleifen, wo anderen die Hände gebunden sind. Und sie haben das große Geschick, diese Dinge in anderen zum Strahlen zu bringen.

Konzentrieren Sie sich auf diese wertvolle Gabe, wenn Sie glauben, einer dieser Menschen zu sein – und wenn Sie in der Werbung arbeiten, ist die Wahrscheinlichkeit, dass Sie diese Geschicklichkeit besitzen, relativ groß. Warten Sie nicht, bis sie ganz verkümmert ist und Sie nichts anderes mehr können als Unterhaltung.

Ziehen Sie ungewöhnliche Produkte ungewöhnlicher Werbung immer vor – die Verbraucher tun es schon längst. Sichten Sie dazu alle Unternehmensunterlagen, nicht nur Produktdetails, gehen Sie in die Unternehmen und sprechen Sie mit den Menschen, statt nur das Top-Management in Ihrem Agenturpalast bei Mineralwasser und Keksen zu empfangen. Nehmen Sie das Unternehmen sinnlich wahr: Wie duftet es dort? Welche Klänge können Sie hören? Welche Menschen begegnen Ihnen, wie ist das Licht, welche Farben sehen Sie, welche Oberflächenstrukturen finden Sie vor, was können Sie berühren und wie fühlt es sich an? Welche Interaktionen können Sie erkennen, wie frei können Sie sich bewegen, wie frei können Sie denken? Wie spricht man dort, gibt es eine gewachsene Unternehmenssprache, einen *Corporate Slang*?

Bitten Sie Produzenten und Produktionshelfer um ein kurzes Gespräch, bitten Sie Kooperationspartner, Lieferanten oder den Ehemann der Chefin, über das Produkt zu sprechen. Stellen Sie Fragen wie diese:

- Welcher Beitrag zum Erfolg ist Ihrer?
- Was wissen oder denken Sie über Ihre Kunden?
- Warum arbeiten Sie wirklich hier?
- Ihr Begriff, das Unternehmen zu charakterisieren, lautet?
- Was möchten Sie Kunden gerne fragen?
- Was möchten Sie mich gerne fragen?
- Welche Eigenschaft des Produktes ist Ihre Lieblingseigenschaft?
- Wie erholen Sie sich?
- Was lieben Sie hier?
- Welche Eigenschaft sollte jeder Mensch mindestens besitzen?
- Was bewundern und schätzen Sie besonders?
- Was verärgert Sie oder lässt Sie (ver-)zweifeln?
- Warum würden Sie wollen, dass Ihre oder Ihnen bekannte Kinder später diese Arbeit machen, oder warum nicht?

Blicken Sie in die Seele, in das Herz von Unternehmen und Produkten und verbinden Sie sich mit ihrer Wärme. Dringen Sie nicht in Betriebsgeheimnisse ein oder in die Privatsphäre der Menschen, aber zeigen Sie echtes Interesse am Leben und Arbeiten, am Produzieren und Optimieren, am Werken und Wirken der Unternehmenspersönlichkeiten. Ziehen Sie Ihre persönlichen Verbindungen zu Ihren gewonnenen Eindrücken, und formulieren Sie einen Funktionellen Text nach der TABEA-Strukturformel. Ich garantiere Ihnen ein Maximum an Differenzierung und Anerkennung – ganz ohne spektakuläres Design.

Praxistipp

Legen Sie Ihre ganze schöpferische Energie in das Produkt! Ihre Leistung ist es, die sich von anderen unterscheiden und abheben muss – nicht Ihre Werbung.

Literaturangaben und weiterführende Literatur

Brinker, Klaus. 2010. *Linguistische Textanalyse*. 7. Aufl. Berlin: Erich Schmidt.
Clarke-Epstein, C. 2003. *78 Schlüsselfragen, die jede Führungskraft kennen und beantworten sollte*. Wien: Linde.
Ebeling, K., und M. Gillner. 2014. *Ethik Kompass*. Freiburg i. Br.: Herder.
Frege, Gottlob. 2008. *Funktion, Begriff, Bedeutung – Fünf logische Studien*. Göttingen: Vandenhoeck und Ruprecht
Fuchs, T. 2004. *Das Gehirn – ein Beziehungsorgan*. 2. Aufl. Stuttgart: Kohlhammer.
Graf von Bernstorff, A. 2012. *Einführung in das Campagning*. Heidelberg: Carl Auer.
Hardy, J., und C. Schamberger. 2012. *Logik der Philosophie*. Göttingen: Vandenhoeck und Ruprecht.
Herrmann, C., und C. Fiebach. 2004. *Gehirn und Sprache*. Frankfurt a. M.: Fischer Taschenbuch.

Situative Nutzenmaximierung statt linearer Zielerreichung

27

Ziele sind eines der wichtigsten Themen in der Werbung überhaupt. Sie kommen als Verkaufs-, Umsatz,- Absatz- oder Bekanntheitsziele daher und sollen etwas bewerkstelligen, was, gemäß der Natur der Sache, gar nicht zu bewerkstelligen ist: Messbarkeit kreativer Kommunikationsmaßnahmen.

Dazu zwei Anmerkungen: Werben dient erstens, wie eingangs erwähnt, nicht dem Verkauf. Dazu sind Vertriebs- und Verkaufsmitarbeiter da, für die es entsprechende Abteilungen und Abteilungsleiter gibt. Werbung ist ein Instrument der Vermittlung.

Zweitens ist Kreativität, wie ebenfalls angesprochen, in der Werbung falsch eingesetzt. Nämlich als Spielkreativität und nicht als Sachkreativität. Durch die Verkaufsziele wird Werbeagenturen eine Verantwortung auferlegt, die sie gar nicht zu tragen haben, sie liegt im Verantwortungsbereich des Vertriebs.

Überhaupt rate ich, sich ganz von der Zielfixierung zu lösen, und das aus gutem Grund. Ziele sind Leistungsgrenzen. Sie werden nie erfahren, wie weit Sie hätten gelangen können, wenn Sie am Punkt, den Sie als Ziel markiert haben, alle Aktivität einstellen und sich neu orientieren. Vielleicht wissen Sie, dass Forrest Gump, gespielt von Tom Hanks in dem gleichnamigen Film, eines Tages auf seiner Veranda stand und beschloss zu laufen. Erst wollte er nur bis zum Gartentor, dann bis zur Ecke der Straße, und als er sah, wie einfach das war, konnte er nicht mehr aufhören und fragte sich, wie weit er wohl noch laufen könnte. Er lief durch das ganze Land, wurde eine nationale Legende, erschien in Tagesnachrichten und Fernsehbeiträgen und wurde begleitet von einer Fangemeinde begeisterter Mitläufer.

Er hätte aber auch am Gartentor anhalten, umkehren, nach Hause gehen und fernsehen können, und niemand hätte es je erfahren, ja, er selbst hätte es schon zwei Minuten später wieder vergessen. Kein Fernsehen, keine Nachrichten, keine Fangemeinde.

Ziele sind Ablenkungen. Viele Menschen verbeißen sich in eine Zielerreichung, kämpfen bis zur Erschöpfung und merken gar nicht, dass sie eigentlich ganz andere Leistungen mit viel größerem Erfolg und mit wesentlich weniger Mühe erzielen könnten. Auch hier ist der eingeschlagene – oder noch schlimmer – der befohlene Weg oft der fehlerhafte oder gar falsche.

Das führt mich zu einem weit kritischeren Punkt: Ziele, besonders hohe oder schwer erreichbare Ziele, bilden eine Hierarchie von Gebot und Gehorsam, eine in offenen Systemen problematische Haltung. Hier sind Unterschiede zu beachten. Wenn Sie ein streng gläubiger Christ sind und nach den Zehn Geboten leben, kann dieser Gehorsam eine innere Freiheit und Festigung zugleich bewirken. Innerhalb dieses Rahmens sind Sie frei und können sich immer sicher sein, das Richtige zu tun und zu unterlassen. Sie sind zudem frei von Schuld, was eine Gewissensfreiheit mit sich bringt, und Sie erfahren eine Festigung, in dem Sie stets in der Lage sind, dieser Ethik und Moral entsprechend zu handeln. Andere religiöse oder gesellschaftliche normativ-ethische Kodizes wirken natürlich adäquat. Der Gehorsam ist in diesen Fällen zugleich ein persönlicher und allgemeiner Gewinn.

In allen anderen Fällen fußt Gehorsam auf einem Unterwerfungs- und Unterlegenheitsverhältnis. Der Gehorsame ist Weisungsempfänger und wird oft als Ergebener bezeichnet und behandelt. Zielvorgaben ersetzen ein normatives Werk und bilden ein Autoritätsverhältnis. Wo immer dies passiert, müssen zwei Gegebenheiten gewährleistet sein:

1. Die Autorität muss sich begründen und ihre Autoritätsberechtigung im Sinne einer akzeptierten Führungskompetenz vermitteln. Im Gegensatz zur herrschenden Auffassung bin ich nicht der Ansicht, dass Charisma diesem Anspruch genügt.
2. Die einer Autorität Folgenden müssen sich mit ihr einverstanden erklären, den Sinn und die Notwendigkeit autoritärer Weisung einsehen und die autoritären Handlungen und Weisungen stets überprüfen können.

Ziele sind aber auch eine Einschränkung. Die häufigste Empfehlung an Erfolgsverantwortliche lautet: Aufmerksamkeit auf das Ziel lenken, um Verzettelungen und Ablenkungen vorzubeugen. Daraus ergibt sich ein Tunnelblick, der den Stresspegel erhöhen kann, da man dringenden, flankierenden Aufgaben gegenüber blind wird. Wird man ihrer gewahr, ist es zur Prävention schon zu spät und es bleibt nur die Schadensbegrenzung. Das kostet sehr viel mehr Aufwand, Zeit, Kraft und Geld. Die Kraft liegt im Potenzial der Situation!

Die Empfehlung kann nur lauten: alle Konzentration auf die augenblickliche Leistungskraft. Achten Sie immer darauf, sich und die Ihnen Anvertrauten auf Leistungsoptimum zu halten. Das bedingt auch eine ausgewogene Erholungsstrategie. Wenn Sie wissen, wie ein System, das Sie beeinflussen können, pulsiert, haben Sie es sehr leicht. Beobachten Sie es und vor allem leben Sie mit und in ihm. Quantitativ ziellos, aber maximal aufgaben-, chancen-, lösungs-, verbindungs- und leistungsorientiert.

Praxistipp

Holen Sie das Maximum aus dem Moment, aus der Situation. Warten Sie nicht, bis sie ein Ziel erreicht haben. Erstens wissen Sie nicht, ob das Ziel richtig ist, zweitens wissen Sie nicht, ob das Ziel wirklich das Ende ist! Anders gesagt: Wenn Sie nur auf die Zielerreichung schauen, merken Sie nicht, dass Sie sich verfahren haben oder, dass der wirklich interessante Teil erst hinter Ihrem Ziel beginnt. Konzentrieren Sie sich auf Ihren momentanen Standpunkt und schauen Sie, ob Sie von hier Ihre Vision erfüllen können oder ob sich sogar eine bessere bietet!

Literaturangaben und weiterführende Literatur

Ebeling, K., und M. Gillner. 2014. *Ethik Kompass*. Freiburg i. Br.: Herder.
Frege, Gottlob. 2008. *Funktion, Begriff, Bedeutung – Fünf logische Studien*. Göttingen: Vandenhoeck und Ruprecht.
Fuchs, T. 2004. *Das Gehirn – ein Beziehungsorgan*. 2. Aufl. Stuttgart: Kohlhammer.
Graf von Bernstorff, A. 2012. *Einführung in das Campagning*. Heidelberg: Carl Auer.

Dezent, sympathisch, höflich statt markant, aufdringlich, pompös 28

Werbung kommt immer öfter ausgesprochen dominant daher. Sie schiebt sich in den Vordergrund, in den Mittelpunkt und in jeden Winkel des alltäglichen Lebens. Landschaften und Stadtbilder leiden schon lange unter ihr, und immer mehr Städte und Kommunen denken laut über eine Begrenzung der Werbung im öffentlichen Raum nach.

Unterbricht sie einen Film, wird sie lauter ausgestrahlt als das Unterhaltungsprogramm, weil man sich schon denkt, dass die Zuschauer sich gerade anderweitig beschäftigen.

In Printmedien wird sie mittels Eyecatchern oder Störelementen, die den Lesefluss hemmen oder die Konzentration auf den Text erschweren, in den Vordergrund gepresst. Grelle Farben und riesige Buchstaben auf seitenfüllenden Bildern sollen den Leser in den Bann ziehen.

Im Online-Sektor werden Popup-Fenster, Banner, Flashs und zahllose andere Möglichkeiten realisiert, die den User ablenken, unterbrechen, behindern und zur Beschäftigung mit ihnen zwingen – und sei es auch nur, um sie loszuwerden.

Unverschämt ist das allemal. Normalität leider auch. Wieso nicht einer der Werbeverantwortlichen auf die Idee kommt, dass dieses Verhalten Ablehnung, Widerstand und aggressive Antipathie provoziert, ist mir schleierhaft. Niemandes Produkte verkaufen sich mittels solcher Formen besser oder werden auch nur positiver wahrgenommen. Der Ton, der Umgang, die Sittlichkeit der Werbung müssen sich dramatisch ändern, wenn sie eine Chance, wenn nicht gar eine Existenzberechtigung erhalten will. Niemandem ist geholfen, wenn Landschaften und Innenstädte, Lebens- und Rückzugsgebiete zu reinen Produktionsflächen für Werbebotschaften degradiert werden.

Dazu kommt die Sprache. Ihr ist in diesem Buch ein ganzes Kapitel gewidmet. Befehle und Kommandos statt aufklärender Nutzenkommunikation lassen die Verbraucher auf die Barrikaden gehen. Werbung wird zunehmend als geistige Umweltverschmutzung angesehen. Aus eigener Erfahrung weiß ich, dass viele Werbeverantwortliche selbst von der unangenehm aufdringlichen Gestaltung von Werbung angewidert sind – nur gilt das eben nicht für die eigene. Die wird immer als die rühmliche Ausnahme angesehen oder hat triftige Rechtfertigungsgründe.

Da bin ich auch schon bei einem der wichtigsten Themen der Werbung überhaupt: den Gründen. Ich habe eingangs bereits erläutert, dass Werbung, wenn sie die Aufmerksamkeit des Rezipienten unterbricht, um sie für sich einzufordern, vor allem einen triftigen Grund benötigt. Niemand lässt sich gerne von etwas Wichtigem wegen etwas Unwichtigem ablenken – schon gar nicht wiederholt.

Wieso glauben Unternehmen und ihre Werbeexperten, dass sich jemand, der sich gerade von einem *high-suspence* Meisterwerk von Alfred Hitchcock in den Bann ziehen lässt, alle paar Minuten von quirligen Waschmittelfamilien, nuschelnden Fußballern und deren Kaugummi oder aufgeregt vorgelesenen Technikpreisen unterbrechen lassen will? Ich bin doch nicht blöd? Die Werbung – so die Meinung von immer mehr Verbrauchern – schon.

Es hilft zu erkennen, dass der Grund für diese Überpräsenz und Aufdringlichkeit, für all den Pomp, Protz und Prunk gerade in der Grundlosigkeit zu finden ist! Stellen Sie sich unsere Cocktailparty vor und die Situation, dass alle gleichzeitig wild gestikulierend auf Sie einschreien. Dann beginnt jemand, den Sie zuvor kaum beachtet haben, leise, aber eindringlich zu sprechen. Er hat eine würdevolle Haltung eingenommen und konzentriert sich ganz auf Sie. Schon bald wird das Tosen ein Ende haben, oder Sie nehmen es einfach nicht mehr wahr, denn Ihre Aufmerksamkeit ist ganz auf die Worte dieses ruhigen faszinierenden Menschen gerichtet, dessen Botschaft Sie wichtig finden und dessentwegen Sie alles andere ignorieren. Sogar die Tatsache, dass Sie gerade unbedingt etwas essen mussten, da Sie den Tag über nicht dazu gekommen sind, ist jetzt nebensächlich. Dieses Gespräch geht jetzt vor.

Ein Idealzustand, zugegeben. Aber auch Ideale sind realisierbar. Dazu brauchen Sie zunächst *nur einen* guten Grund. Wohlgemerkt: keinen Nutzen! Ich gehe davon aus, dass Sie den bieten können und nicht so dreist sind, die Zeit und Muße der Rezipienten mit nutzlosem Zeug zu missbrauchen. Sie müssen einen Grund bieten, weshalb Sie gerade jetzt, gerade hier und gerade mir Ihren Nutzen vorstellen, nicht später, nicht woanders und auch keinem sonst. Das müssen Sie vermitteln, und dann wird man sagen: Natürlich dürfen Sie unterbrechen, das geht jetzt vor.

Ich höre viele von Ihnen jetzt leise fragen: *„Und welche Gründe, bitte, sollen das sein?"*

Genau da liegt das Problem. Es gibt nur wenige. Prinzipiell unterscheide ich zwei Arten:

1. Rechtfertigende Gründe
2. Erklärende Gründe

Die *rechtfertigenden Gründe* zielen darauf ab, ein Verhalten, Ereignis, Phänomen oder Denken in seiner Existenz und seiner Art zu bestätigen. Wichtig ist dabei, dass diese Gründe sich nicht nur auf eigene Ziele beschränken, sondern ihr Vermittlungsanspruch verantwortet und vertreten werden kann. Das Eigeninteresse muss hier mit einem Fremd- oder Allgemeininteresse verbunden werden können, um eine hohe Akzeptanz zu erfahren. Eine Begründung kann Mittel zur Erreichung eines definierten Zwecks sein, aber genauso über die Relevanz eines Themas aufklären.

Erklärende Gründe geben Aufschluss über den Wert und Sinn einer Empfindungs-, Denk-, Sprech- oder Handlungsweise, die geboten oder gefordert wird. Diese Beweggründe können eine Beziehung nachhaltig beeinflussen oder gar begründen! Sie sind ein wichtiger Schlüssel zur völligen Akzeptanz und Wertschätzung zwischen Werbendem und Umworbenem. Solche Gründe liegen außerhalb eines Nutzenversprechens und müssen zuerst deutlich und in ihrem Wesen vermittelt werden. Wenn Sie keine guten, triftigen Gründe haben, kann ich Ihnen eine Werbemaßnahme nicht empfehlen. Sie schaden dann mehr, als Sie nutzen. Auch sich selbst.

Im ersten Schritt wäre zu überlegen, Werbung wieder *zwischen* den Formaten zu platzieren und nicht mehr *in* den Formaten. Dann wird ihre Rezeption nämlich wieder freiwillig, und mit der Werbung ist es wie mit der Meinungsfreiheit: Das Recht, sie zu äußern, beinhaltet keine Pflicht, sie auch zu hören.

Ist man in der Lage, Werbung richtig zu gestalten, nämlich mit einem hohen Bildungsanspruch und Erkenntnisgewinn, wird das dazu führen, dass die Menschen sie wegen ihrer guten Qualität und ihrem großen Nutzwert freiwillig und interessiert einschalten, statt sie lediglich zu erdulden oder – schlimmer – zu erleiden, und sie zum festen Bestandteil ihres Abendprogrammes machen. Möglich ist hier eine Symbiose von Journalismus und Vermittlungstechnik. Wenn Werbung einen Bildungsanspruch, eine hohe Problemlösekraft und einen großen Erkenntnisgewinn bietet und gleichzeitig Produkte und Dienstleistungen vorstellt, mit denen die Verbraucher die Erkenntnisse verbinden können, wird Werbung zum unverzichtbaren Bestandteil einer positiven persönlichen, gesellschaftlichen und globalen Entwicklung. Dann kann man auch die Werbezeiten belassen: Nach den Programmformaten folgt dann eine 45-minütige

„funktionelle Werbesendung", in der wichtige Trends, Hintergründe und wirtschaftlich-soziale oder gesellschaftspolitische Themen aufgenommen und mit Praxislösungen für den Einzelnen und das Kollektiv vorgestellt und zugänglich gemacht werden. Solche Formate könnten, ähnlich wie viele Shows, interaktiv gestaltet, moderiert, mit interessanten Gästen garniert und mit interessanten Beiträgen und Produktlösungen verknüpft werden. Oder orientieren Sie sich an der Aufmachung populärwissenschaftlicher Formate, die sich ungebrochen einer hohen Quote erfreuen. Machen Sie diesen, zugegeben mutigen, Gedanken doch mal zum Thema der nächsten Strategie- oder Kreativsitzung. Von einer solchen Lösung können tatsächlich alle in einem ungeahnt hohen Maße profitieren: die Verbraucher, die Unternehmen, die Agenturen und die Medien!

Praxistipp
Verzichten Sie nicht auf Etikette. In einer Zeit der sprachlichen Verrohung und Verknappung bei zunehmender Redundanz wirken Höflichkeit und Aufmerksamkeit wie Balsam auf einem Sonnenbrand. Kommunizieren Sie mit einem Lächeln in der Stimme und einem sympathischen Ton. Entdecken Sie das Parlieren wieder für sich und setzen sie es der omnipräsenten Geschwätzigkeit als aufmerksamkeitsstarke Wunderwaffe des Beziehungsmanagements entgegen!

Literaturangaben und weiterführende Literatur

Ebeling, K., und M. Gillner. 2014. *Ethik Kompass*. Freiburg: Herder.
Frege, Gottlob. 2008. *Funktion, Begriff, Bedeutung – Fünf logische Studien*. Göttingen: Vandenhoeck und Ruprecht.

Diskussion statt Dialog (Argument statt Meinung)

Jeder Experte hat eine Meinung. Zu allem und jedem und nahezu jederzeit. Und Experten gibt es viele, besonders in Zeiten wachsender Internetkommunikation. Diese Form der Meinungsfreiheit macht es möglich, dass sich Menschen unter einem Pseudonym Urteile erlauben können, die einem Unternehmen oder einer Unternehmung reputativ und/oder finanziell schwer schaden können. Die Bewertungsmanie treibt dabei toxische Blüten und wie so oft überlistet das System sich hier mal wieder selbst. Die anfangs als Orientierungshilfe gedachte Chance zur Entscheidungshilfe durch Meinungsäußerung scheiterte zum einen an der Geschäftstüchtigkeit diverser Unternehmer. Das Problem: Der Einfluss wurde zu groß. Schon nach kurzer Zeit akzeptierten Internetkäufer Produkte zögerlicher, wenn sie ohne Bewertung angeboten wurden. Das führte natürlich zur Gründung von Bewertungsagenturen, die über Produkte oder Firmen positiv urteilten. Zu Investitionen zwischen 5.000 und 50.000 €.

Zum anderen scheiterte dieser an sich gute Ansatz an der Disziplinlosigkeit und Unverschämtheit einiger User, die sich unter Nutzernamen wie Mausi-xxy, Donnergott-yyxx, (beide frei erfunden, Ähnlichkeiten Zufall!) in üblen Beschimpfungen und Unflätigkeit ergingen, was zur Gründung eines Verhaltenskodex namens Netiquette führte. Zudem sind Menschen unterschiedlich und Meinungen vielfältig, die für einen selbst passenden Meinungen herauszufinden ist meistens schwierig.

Die Frage ist für mich allerdings eine ganz andere. Wieso kann man seinem eigenen Urteil nicht oder nicht länger vertrauen? Noch vor wenigen Jahren gab es keine Bewertungsportale und es bedarf auch nicht einer ständig wachsenden Zahl von Meinungen, um sich eine eigene zu bilden. Dafür gibt es einen einfachen Grund: die relative inhaltliche Distanz der Werbung zum Verbraucher. Wo Werben nur auf Aufmerksamkeit und Entertainment setzt, kann kein Platz mehr sein für Themenentfaltungen, Inhalte und – im wahrsten Sinne des Wortes – überzeugende Vermittlung. Auf die individuelle Situation bezogen sind die Meinungen anderer nichts weiter als Äußerungen. Deshalb gibt es auch so viele unterschiedliche Meinungen und Sichtweisen. Prinzipiell müsste eine Plattform zur Bewertung von Bewertungen ins Leben gerufen werden, die wiederum hilft, das Dickicht der Meinungen zu lichten.

Wenn Sie mit Interessengruppen in Kontakt treten, und das sollten Sie, tun Sie das immer *diskursiv*. Bieten Sie Argumente und lassen Sie auch nur solche zu. Meinungen sind verzichtbar, Argumente nicht. Es ist schnell hingeschrieben, wie toll oder schlimm man etwas findet, und das wird auch reichlich ausgekostet und sei es auch nur, um seinem persönlichen Missmut einmal öffentlich Luft zu verschaffen.

Argumentationen benötigen funktionellsoziale medies Denken und natürliche Logik und werden deshalb schon oft vermieden. Den meisten Menschen ist eine funktionelle Argumentation aus einer flüchtigen Stimmung oder einem vorschnellen Impuls heraus zu anstrengend, weshalb diese Maßnahme Ihnen erheblich viel Zeit, Kraft und Geld einspart. Sie hilft nämlich, die Spreu vom Weizen zu trennen, und sorgt dafür, dass Sie sich nur noch mit den Dingen beschäftigen, die für Ihre Interessenten tatsächlich von Belang sind – und das zu tun ist wirklich Ihre Kernaufgabe, wenn Sie eine Personen- oder Ergebnisverantwortung haben!

Methoden der Argumentation gibt es zahlreiche, sie hier alle zu besprechen oder auch nur vorzustellen, ist an dieser Stelle nicht möglich. Wichtig ist zu erkennen, dass derjenige, der erfolgreicher argumentiert, die Führung des Gesprächs und damit die Erfolgsaussichten übernimmt, aber auch die menschliche und qualitative Verantwortung.

Lesen Sie Werke und Aufsätze zur Kasuistik und zur Erkenntnistheorie Gottlob Freges, beschäftigen Sie sich mit Aristoteles und seiner Topik und informieren Sie sich über philosophisches Argumentieren. Der Gewinn, den Sie mit Ihrem Geschick aus Ihren Mühen ziehen, wird Sie selbst überraschen. Unterschätzen Sie aber die Arbeitsleistung nicht. Diese Literatur erfordert Geduld, Ausdauer und Anstrengung. Verzagen Sie nicht, es dient einem sehr guten Zweck.

Praxistipp

Seien Sie bestimmt – nicht bestimmend. Setzen Sie Argumente ein und stellen Sie sie zur allgemeinen Diskussion. Öffentlich diskutierte Argumente werden im Nachhinein nicht hinterfragt! Das ist der Vorteil gegenüber der Meinung. Die Energie, die Sie zur Etablierung konkreter Sachargumente einsetzen, wird sich hinterher vielfach auszahlen. Die Akzeptanz erreicht Werte nahe der 100%, sie können sich Korrektur- und Steuerungsinvestitionen sparen und Sie werden es erheblich einfacher haben, Folgeargumente zu etablieren.

Literaturangaben und weiterführende Literatur

Brafman, O., und R. Brafman. 2008. *Kopflos – Wie unser Bauchgefühl uns in die Irre führt und was wir dagegen tun können.* Frankfurt a. M.: Campus.
Ebeling, K., und M. Gillner. 2014. *Ethik Kompass.* Freiburg (Brsg.): Herder.
Frege, Gottlob. 2008. *Funktion, Begriff, Bedeutung – Fünf logische Studien.* Göttingen: Vandenhoeck und Ruprecht.
Fuchs, T. 2004. *Das Gehirn – ein Beziehungsorgan.* 2. Aufl. Stuttgart: Kohlhammer.
Graf von Bernstorff, A. 2012. *Einführung in das Campagning.* Heidelberg: Carl Auer.
Hardy, J., und C. Schamberger. 2012. *Logik der Philosophie.* Göttingen: Vandenhoeck und Ruprecht.

Verlässlichkeit und Gewissheit statt Vertrauen und Vertrautheit

30

Vertrauen ist das große Schlüsselwort. Werbung hat dazu eine eigene, sehr spezielle Position. Einerseits steht sie in der Verantwortung, das Vertrauen der Interessengruppen in die beworbene Leistung zu stärken. Andererseits bringt eben dieser Personenkreis der gegenwärtigen Werbepraxis kaum noch Vertrauen entgegen, wie unabhängige Untersuchungen der Gesellschaft für Konsumforschung oder die AC Nielsen Research regelmäßig bestätigen.

Das Dilemma lässt sich durch eine Verschärfung gängiger Maßnahmen oder eine Intensivierung der Aktivitäten nicht lösen. Auch eine Ausweitung der Maßnahmen auf andere Gebiete wie Public Relations, Customer Care Management und Ähnliches lässt sich nicht wirklich als erfolgreich verbuchen. Da hilft es auch nicht, aus lauter Verzweiflung das Vertrauen besonders zu betonen oder zu beteuern.

Wenn Sie etwas älter sind als fünfundzwanzig Jahre, werden Sie das „Dschungelbuch" kennen und sich beim Thema Vertrauen unweigerlich an die Schlange Kaa erinnert fühlen („*Hör auf mich. Vertrau' mir*"). Das sind ihre Sätze. Finden Sie sich wieder?

Warum erfüllt Menschen das Vertrauen in der Werbung mit Misstrauen? Weil es nicht dort hingehört. Vertrauen ist ein Begriff des privaten Raumes, Werbung ist eine Tätigkeit des öffentlichen Raumes, und so sehr Sie es sich wünschen, diese Schere werden Sie nicht schließen. Werben, sofern es nicht zwischen Privatpersonen im Privaten geschieht, hat in der Privatsphäre nichts zu suchen. Mit der Forderung nach Vertrauen dringt sie in diese ein – und erfährt Ablehnung in spektakulär vielen Fällen.

Statt auf Vertrauen, das man sich erst in der Praxis verdienen muss, sollten Sie auf Verlässlichkeit setzen. Sie ist das Vertrauen des öffentlichen Raumes und eine Kardinaltugend im Wirtschafts-, Produktions- und Geschäftsverkehr. Was Verbraucher von Ihnen erwarten, ist das Gefühl subjektiver Sicherheit, die relative Gewissheit, sich auf die von Ihnen werblich vermittelten Werte verlassen zu können.

Menschen wollen sich größtmöglich sicher sein, mit Ihnen und Ihren Produkten die richtige Entscheidung zu treffen und damit ihre eigenen Werte zu fördern oder auszudrücken. Die plumpe Erzeugung von Vertrautheit auf Distanz wirkt erbärmlich in allzu vielen Fällen. Erzeugen Sie stattdessen lieber die Gewissheit, sich auf Sie verlassen zu können. Schließlich vertraut man Ihnen etwas an: Zeit, Geld, vielleicht sogar Gesundheit und Leben. Da sollten Sie verlässlich, zuverlässig und gewissenhaft sein. Das Vertrauen bringt der Verbraucher Ihnen entgegen, einfordern oder behaupten können Sie es nicht. Sie gewinnen es durch die oben angeführten Qualitäten.

Hierzu eignet sich neben der wert- und sinnvollen Präsentation besonders der diskursive Dialog, der einer werblichen Präsentation unbedingt angeschlossen werden sollte – oder zumindest als Angebot geschaffen werden muss. Vergessen Sie nicht: Wer Vertrauen fordert, fördert Misstrauen!

> **Praxistipp**
>
> Vertrauen generiert man durch Verlässlichkeit. Verlässlichkeit generiert man durch nachprüfbare, bewertbare Information. Selektieren, konfigurieren und transmittieren Sie Informationen nach diesem Prinzip!

Kompetenz und Erfahrung statt Leidenschaft und Begeisterung

31

Allerorten und jederzeit kann man sich einstimmiger Bestätigung erfreuen, wenn man im Beruflichen Begeisterung und Leidenschaft fordert. *„In Dir muss brennen, was Du in anderen entzünden willst"*, lautet das entsprechende Credo. Wer nicht leidenschaftlich und begeistert ist, soll sich in einem Motivationstraining begeistern lassen, seine Leidenschaft in Workshops neu entflammen oder sich – wenn gar nichts mehr hilft – besser nach etwas anderem umsehen.

Die ganze Burn-out-Problematik gäbe es nicht in diesem Ausmaß, wenn man nicht diesem Druck nach mehr Begeisterung und Leidenschaft gerecht werden müsste. Es gilt zu bedenken, dass es in jedem Bereich wirtschaftlicher, aber auch beruflicher und privater Tätigkeit sehr viele Menschen gibt, die voller Begeisterung und hoch leidenschaftlich schwere Fehler machen. Die Tatsache, dass jemand von etwas begeistert ist, heißt noch nicht, dass er das auch gut kann.

Stellen Sie sich vor, jemand könnte von der Veranlagung her außergewöhnlich gut Klavier spielen, hat aber eine Leidenschaft zur Trompete entwickelt. Sollte er dann eher ein mittelmäßiger Trompeter werden als ein überdurchschnittlicher Pianist, nur weil ihm Leidenschaft und Begeisterung fehlen?

In allen erfolgskritischen Fragen empfehle ich dringend, nüchterne Kompetenz und gewachsene Routine in den Vordergrund zu stellen und sie auch in der Kommunikation gegenüber Interessengruppen höher zu bewerten. Es mag einer der Hauptunterschiede zwischen Arbeits- und Privatleben sein, dass man die Arbeit verrichtet, weil man sie seinen Fähigkeiten und Neigungen gemäß gelernt hat und weil man sich vertraglich dazu verpflichtet hat. Manchmal muss man Dinge tun, weil sie getan werden müssen. Die heute so moderne Forderung nach *Spaß* halte ich dabei für ebenso hinderlich wie jene nach Leidenschaft und Begeisterung.

So ist auch in der Werbung der Trend zu mehr Ernsthaftigkeit, Vermittlungskompetenz und routiniertem Pflichtbewusstsein wieder verstärkt zu fördern, auch wenn diese Werte verstaubt und unbequem klingen. Und ein gänzlich in Vergessenheit geratener Zusatzwert wird sich als außerordentlich hilfreich erweisen: die Besonnenheit. Wohlüberlegte und bis Feinste durchdachte Konzepte, die Menschen für sich gewinnen, entstehen oft in einem nüchternen Umfeld ohne jede Begeisterung durch die inspirierenden Beiträge erfahrener, kompetenter Köpfe.

Praxistipp
Sie können begeistert Fehler begehen oder diszipliniert das Richtige tun. Sorgen Sie bei allem für eine Fach-, Methoden-, und Durchführungskompetenz, die über dem Branchendurchschnitt liegt. Wo das nicht erfüllt ist, bilden Sie sich aus. Nutzen Sie das Internet. Lesen Sie sich Inhalte an und machen Sie ein eigenes Mind-Lab auf, in dem Sie das erworbene Wissen auf Praxiseinsatz und Alltagstauglichkeit testen – und auf Entwicklungspotenzial! Vermitteln Sie Ihre wachsende Kompetenz in Sozialen Medien, Newslettern oder klassischen Kundenbriefen.

Literaturangaben und weiterführende Literatur

Malik, Fredmund. 2008. *Die richtige corporate governance*. Frankfurt a. M.: Campus.
Malik, Fredmund. 2010. *Richtig denken, wirksam Managen*. Frankfurt a. M.: Campus.

Identität statt Image 32

Eine typische Aussage auf den Internetseiten von Werbeagenturen ist die, dass sich die Produkte immer ähnlicher werden und der Verbraucher keine Unterschiede mehr erkennen könne. Deshalb müsste die Werbung umso kreativer und damit unverwechselbarer sein. Diese These wird sogar in akademischen Kreisen gestützt. Hier wird die Forderung formuliert, dass Werbung aufgrund der zunehmenden Produktidentität durch kreative Überhöhung kommunikative Unverwechselbarkeit schaffen müsse. Ich behaupte das Gegenteil und nehme an, dass sich bislang kaum jemand die Mühe gemacht hat, den Begriff der Identität in vollem Umfang zu denken.

Es gibt nämlich zwei Formen der Identität:

1. $a = a$
2. $b = a$

Im ersten Fall handelt es sich um eine *Sein-Identität*, eine Wesensgleichheit, a ist a. Im zweiten Fall handelt es sich um eine *Schein-Identität*, eine Wesensverschiedenheit, b ist b, scheint aber wie a. Der erste Fall ist also eine Identität der Unverwechselbarkeit, der zweite Fall ist eine Identität der Verwechselbarkeit. Eine für die Werbung elementare Unterscheidung!

Tatsächlich gibt es keine zwei identischen Entitäten auf dieser Welt. Selbst ein Satz, den ich zweimal spreche, unterscheidet sich vom ersten in vielerlei Hinsicht. Feine Unterschiede in der Betonung mal ausgeklammert, ist er mit einer ganz anderen Atemluft zu einer ganz anderen Zeit unter einer veränderten Umwelt gesprochen worden und ist so vom ersten im Wesen verschieden, wenn auch im Anschein gleich.

Der Anschein ist also nicht das Wesen. Eine Erkenntnis, die sich Werbende zunutze machen sollten. Das Wirken liegt im Wesen und nicht in der Wesensäußerung.

Wie etwas oder jemand sich gibt und wie etwas oder jemand tatsächlich ist, ist oft ein gravierender Unterschied mit ebenso gravierenden Folgen. Sein und Schein entscheiden über Sympathie, Erfolg und damit auch über Gedeih und Verderb. Die Bedeutung dieser Tatsache ist für die Unternehmensentwicklung und die Werbung nicht zu überschätzen.

Kann man zwischen der Präsentation einer fehlerhaften Identität und dem Aufbau eines fehlerfreien Images wählen, ist der Vorzug ohne Diskussion der Identität zu gewähren. Hier komme ich auf den Begriff der Überhöhung zu sprechen, den ich für eines der großen Probleme in der Werbung halte. Das kreative Additiv ist nämlich verbraucherseitig wieder zu subtrahieren, eine Tatsache, die in der Praxis regelmäßig unterschlagen wird.

Agenturen öffnen bei der Präsentation folgende Gleichung, ich nenne sie Anbietergleichung:

▶ Anbietergleichung: Produktwert + Überhöhung = Erwartung

Hierdurch sollen durch die kreative Überhöhung des Produktwertes Erwartungen geweckt werden, die zum Kauf des Produktes führen und so den Absatz fördern. Weil die Arbeit von Werbeagenturen damit getan ist, wird übersehen, dass auch die Verbraucher eine Gleichung öffnen, die ich Anwendergleichung nenne. In dieser muss die Überhöhung als dem Produkt nicht Zugehörigen nämlich wieder subtrahiert werden. Es stellt sich folgendes Ergebnis dar:

▶ Anwendergleichung: Produktwert − Überhöhung = Ernüchterung

Wir alle kennen die Werbespots für Reiniger oder Waschmittel, in denen überhöht schmutzige Dinge mit überhöht einfacher Handhabung überhöht strahlend werden. Dass die Wirklichkeit oft anders ist, wissen wir aber auch. Dabei verspielen Unternehmen und Agenturen viel Gewinnpotenzial, denn die Produkte sind immer noch sehr gut und arbeiten überzeugend. Durch die Überhöhung wird der Spot unglaubwürdig und es wird das Vertrauen in zukünftige Innovationen und Werbemaßnahmen geschwächt. Überhöhung ist Image und Image schadet der Identität.

Besser bedient ist man mit dem aus der englischen Sprache bekannten Understatement, eine Eigenschaft, die Sie in der Werbung ausprobieren sollten. Lassen Sie die Verbraucher die wirkliche Leistung Ihrer Produkte herausfinden und halten Sie sich an folgende Gleichungen:

▶ Anbietergleichung: Produktwert − Bestleistung = Überzeugung

▶ Anwendergleichung: Produktwert + Bestleistung = Überraschung

Weil Ihnen Höchst- oder Bestleistungen ohnehin niemand ohne eigene Erfahrung glaubt, hat es auch keinen Sinn, sich die Glaubwürdigkeit der Werbung dadurch auch noch zu verspielen. Die Bestleistung ist im Produkt enthalten, nicht in der Kommunikation. Überzeugen Sie den Verbraucher durch wirkliche Eigenschaften, die im Wesen der Sache liegen. Findet der Verbraucher sie bei der Verwendung wieder und entdeckt zusätzlich eine viel höhere Leistung und Vorteile oder Wirkungen, auf die man ihn nicht mit der Nase gestoßen hat, ist der Effekt multipliziert.

Die Verbraucherbeziehung ist vertieft, die Vertrauens- und Glaubwürdigkeit gesichert und der positive Gewinn gesteigert – eine Rechnung, die für alle aufgeht.

Praxistipp
Packen Sie immer mehr Wert in Ihre Leistung, als man ihr auf den ersten Blick ansieht!

Literaturangaben und weiterführende Literatur

Bartuschat, Wolfgang, und Baruch de Spinoza. 2010. *Ethik in geometrischen Formen dargestellt*. Hamburg: Meiner (Bartuschat, Wolfgang (Hrsg.)).

Frege, Gottlob. 2008. *Funktion, Begriff, Bedeutung – Fünf logische Studien*. Göttingen: Vandenhoeck und Ruprecht.

Kundenempfang statt Kundenfang 33

Muss Werbung aggressiv sein, muss sie auf- oder eindringlich sein, braucht sie Omnipräsenz und ungeteilte Aufmerksamkeit? Ich bitte Sie, diese Fragen auf sich wirken zu lassen und sich die Antworten zu Herzen zu nehmen. Ich vermute, Sie kommen zu dem Schluss: Im Gegenteil!

Damit liegen Sie richtig. Betrachtet man die Werbung nämlich aus der Sicht der Verbraucher, sollte Werbung passiver sein, unaufdringlicher und geteilter Aufmerksamkeit. Verdeutlicht wird das mit unserer Partysituation. Bislang waren wir meist in Eins-zu-eins-Gesprächen. Was aber, wenn mehrere Teilnehmer in aufgelockerter Runde miteinander sprechen? Hier sind ganz andere Qualitäten gefragt als das bloße Bedürfnis nach Mitteilung. Wir warten, bis wir einen Beitrag einbringen können, lassen andere zu Wort kommen, achten und schätzen ihre Beiträge und nehmen sie ernst. Vielleicht ergibt sich aus ihnen ein Gewinn für unser eigenes Denken und führt zu einem interessanten Einwand unsererseits.

Warum soll das in der Werbung anders sein? Statt auf Kundenfang zu gehen und die „Konkurrenz" durch permanentes Plappern und ständige Wiederholung mundtot machen zu wollen, muss Werbung wieder den respektvollen Dialog suchen und vor allem die Chance des passiven Zuwartens für sich entdecken. Denn nicht jede Gelegenheit ist eine günstige Gelegenheit, und nicht derjenige, der am meisten über sich selber spricht, bekommt die größte Aufmerksamkeit und Anerkennung. Diejenigen, die wenige, aber weise Worte sprechen, die Beiträge anderer aufnehmen und durchdenken, die für Fragen und Probleme offen sind, werden zum wertvollen, unverzichtbaren Gesprächspartner.

Werbende sollten zuallererst für ihre Kunden da sein. Empfänglich zu sein bedeutet präsent zu sein, ohne sich in den Mittelpunkt zu stellen. Ein Angebot zum Dialog zu schaffen, ist mit geringem Aufwand in kurzer Zeit überall möglich und hilft, den Wert eines Unternehmens und seiner Produkte durch intensive Kundenbemühungen zu unterstützen. Partnerschaft und Kameradschaft sind tradiert anmutende Werte, können aber in einer Zeit, in der immer mehr Menschen an Vertrauen und subjektiver Sicherheit verlieren, echte Lebenshelfer sein.

Hier hat die Werbung großes Potenzial, sie ist der Herold, der Botschafter, der Vermittler und dadurch Hauptverantwortlicher für alle Fragen der Beziehungskultur. Wichtig ist das Angebot, die permanente Gesprächsbereitschaft, nicht die permanente Berieselung. Entscheidend sind die Aufnahmebereitschaft und die Fähigkeit des problemorientierten Denkens, das eigentlich ein lösungsorientiertes ist.

Mittlerweile sind Verbraucher derart resistent gegenüber Werbeformaten geworden, dass es schwierig ist, Werbemittel zu planen und zu realisieren, die die Kunden auch wirklich empfangen. Ihre Aufgabe ist es jetzt, Triggersegmente, also Schlüsselbilder, Schlüsselwörter oder Schlüsselsätze zu entwickeln, die das Verbraucherbewusstsein von Passivität zu Aktivität lenken. Dass Sie die eigene Haltung dazu von Aktivität zu Passivität wandeln müssen, versteht sich von selbst.

Sie verstehen das richtig, wenn Sie erkennen, dass dieser Zustand keine Abwesenheit bedeutet, sondern eine Verbesserung der kommunikativen Ausrichtung von einseitig zu vielseitig und von einer fangenden in eine empfangende Grundhaltung. Dabei dürfen Sie die Führungsrolle übernehmen, da Sie die relevanten Informationen haben. Suchen Sie das Gespräch und regen Sie das Nachdenken im Kundenkopf zu folgenden Themen an:

- Warum treten Sie mit uns in eine Geschäftsbeziehung?
- Geht es Ihnen in dieser Geschäftsbeziehung gut?
- Warum kaufen Sie bei der Konkurrenz?
- Wofür bezahlen Sie wirklich?
- Wofür würden Sie mehr bezahlen, wofür weniger?
- Wann und wodurch haben Sie mit uns Probleme, wann wollten Sie uns am liebsten in den Wind schießen?
- Wann haben Sie uns am meisten geschätzt und wofür?
- Was haben Sie empfunden und was haben Sie gedacht, als Sie uns das erste Mal begegnet sind?
- Was könnten Sie vermissen, wenn wir nicht mehr erreichbar wären?
- Welche Erwartungen haben Sie zukünftig an uns?
- Fühlen Sie sich anerkannt, verstanden, umsorgt?
- Was haben Sie durch uns gewonnen?
- Was würden Sie gerne durch uns gewinnen?
- Wie können wir unseren Produktwert für Sie nachvollziehbarer machen?
- Wodurch können wir Ihnen unsere Wertschätzung ausdrücken?

Wenn Sie Themen aus diesen und ähnlichen Fragen formuliert und kommuniziert haben, schalten Sie auf Empfang und achten Sie genau darauf, was man Ihnen sagt, schreibt oder zeigt. Diese Methode ist für Ihre weitere Laufbahn von elementarer Bedeutung!

Praxistipp
Seien Sie immer – und ich meine immer – für Ihre Kunden da. Nutzen Sie das Internet, Telefonsekretariate, Quick-Response-Lösungen. Verspielen Sie nie die Möglichkeiten des ersten Kontaktes! Seien Sie auch nach der Leistungsanwendung immer für Ihre Kunden da. Speisen Sie keine Menschen mit rein technischen Lösungen ab. Geben Sie ihrer Unternehmung auch im Kontakt Persönlichkeit. Scheuen Sie diese Investitionen NIE!

Literaturangaben und weiterführende Literatur

Clarke-Epstein, C. 2003. *78 Schlüsselfragen, die jede Führungskraft kennen und beantworten sollte*. Wien: Linde.

Kundenverbindung statt Kundenbindung

Dem vorher behandelten Thema sehr ähnlich und doch unterschiedlich ist das Thema der Kundenbindung. Immer häufiger wissen sich Unternehmen und Agenturen der Kundenabwanderung nicht anders zu erwehren, als Kundenbindungsprogramme zu kreieren. Dabei sind Knebelverträge, wie sie beispielsweise auf dem Telekommunikationsmarkt üblich sind, nur der Anfang. Subtilere Methoden der Treueaktionen, Kunden- und Rabattkartensysteme und zahlreiche weitere Spielarten bis hin zu „Brillen-Abos" und anderen Auswüchsen sind heute an der Tagesordnung. Kaum ein Unternehmen, das es sich nehmen lässt, seine Kunden mit Stempelkärtchen oder Ähnlichem zu binden.

Das Problem dabei ist, dass die Kunden dabei eine Verpflichtung eingehen sollen, die sie eigentlich gar nicht haben. Wenn Kunden bei Ihnen kaufen, hat das einen guten Grund. Tun sie es nicht mehr, hat das auch einen guten Grund. Fragen Sie danach und stellen Sie ihn ab, dann kann man auf das Mittel der Wertvernichtung nämlich verzichten. Ich habe es nie verstanden, warum ich, wenn ich mein Brot zehnmal beim selben Bäcker kaufe, das elfte geschenkt bekomme.

Er steht morgens in der Backstube, während ich noch schlafe, atmet jahrelang Mehlstaub ein, steht sommers wie winters in glutheißer Hitze, schleppt Mehl- und Getreidesäcke und verrichtet eine Arbeit, die viele von uns nicht eine Woche lang ertragen, über Jahrzehnte.

Und deshalb kaufe ich bei ihm. Weil er gutes Brot macht, gute Zutaten verwendet, die gesunde Ernährung seiner Kunden unterstützt und dennoch auf Vielfalt achtet. Weil er verlässlich, erfahren und engagiert ist, weil er weiß, was er tut, und ich mich auf sein Wohlwollen und seine Unterstützung in Ernährungsfragen verlassen kann. Hoher Cholesterinspiegel? Weizenallergie? Mein Bäcker weiß, welches

Brot das richtige ist, und kann mir über Inhaltsstoffe und deren Auswirkungen auf meinen Organismus fachlich fundiert Auskunft geben.

Und *er* soll sich bei *mir* bedanken, dass ich bei ihm kaufe? Wieso bringe ich meinem Bäcker nicht nach dem zehnten Brot eine kleine Aufmerksamkeit mit und sage: Danke, dass Sie jeden Morgen auch für mich die Tortur des Backens ertragen? Wieso soll er mir danken, dass ich die Vorteile nutze, die er für mich hart erarbeitet?

Ich sehe Kundenbindungsprogramme als fehlgeleitet an. Es ist sicher wichtig, Stammkunden aufzubauen, und wenn es anständige Menschen sind, werden sie sich für die Mühe, die man sich ihretwegen macht, nicht auch noch mit Gratisleistungen bezahlen lassen. Sie werden sich wegen wichtiger Werte mit einem Unternehmen verbunden fühlen und das auch gerne in der Öffentlichkeit vertreten. Kunden sollte man sich nicht kaufen müssen, sie sollten eine Verbindung suchen und annehmen, ohne auf Bestechung oder Nötigung hereingefallen zu sein. Wer diese Methoden anwendet, tut das, weil die Kunden den Weg zur Konkurrenz sonst leicht finden, da es an relevanten Werten mangelt.

Das soll nicht bedeuten, dass Geschenke verboten sind, im Gegenteil, sie erhalten nach wie vor die Freundschaft. Sie sollten aber immer völlig frei von Druck, Zwang oder auch nur Erwartung sein, sondern stets freiwillig, unangefordert, unerwartet und von Herzen kommend überreicht werden, als Ausdruck von Wertschätzung und Verbundenheit.

Wenn ich meine Brot-Tüte öffne und darin ein frisches Schokocroissant finde, das ich weder bestellt noch bezahlt habe, fühlt sich das anders an, als wenn ich eine vollgestempelte Karte über die Theke reiche und mir pflichtbewusst ein kostenloses Brot ausgehändigt wird.

Vergleichen Sie diese Situation mit folgender Begebenheit: Es ist Winter, dunkel und kalt, es droht zu schneien. Sie sehen aus dem Auto heraus einen Bekannten auf dem Bürgersteig und wissen, dass er es noch ziemlich weit nach Hause hat. Sie halten an und fahren ihn nach Hause, obwohl es ein Umweg für Sie ist. Am Ziel drückt er Ihnen zehn Euro in die Hand. Wenn Sie so sind wie die meisten Menschen, fühlt sich das jetzt unangenehm für Sie an. Aus der menschlichen Verbundenheit ist plötzlich ein geschäftlicher Akt geworden und die Beziehung hat sich schlagartig geändert. Riskieren Sie das im Geschäftsleben niemals, wenn es um Ihre Kunden geht, denn diese sind im Gegensatz zu allen anderen Geschäftsbeziehungen nicht normativ an Sie gebunden. Versuchen Sie nicht, diesen Zustand mit Bindungsprogrammen zu ersetzen, sondern spielen Sie die Beziehungsfähigkeit Ihres Unternehmens richtig aus. Schaffen Sie Werte, aus denen Verbindlichkeit hervorgeht, und verzichten Sie auf billige Fesselungstricks oder Bestechungsversuche aus Gratisleistungen, von denen ohnehin jeder annimmt, dass sie über die Preise refinanziert werden.

Viel wertvoller als jedes An-sich-binden ist es, sich mit den Menschen zu *ver*binden, den Kontakt zu ihnen zu suchen, was seltener ist, als Sie jetzt sicher vermuten. Erkennen Sie die Interessen der Menschen an und treten Sie in einen fruchtbaren Diskurs. Dazu müssen Sie Möglichkeiten schaffen. Internet, Smartphones und Telefon sind nur einige der technischen Errungenschaften, die in den Dienst der Menschen gestellt werden sollten, statt sich seiner vollständig zu bemächtigen. Dazu müssen Sie erreichbar sein und da liegt auch oft schon der Stolperstein. Erreichbarkeit kostet: Zeit, Kraft und Geld. Sich in einem Diskurs zu bewegen, ist leichter gesagt als getan, und wenn Sie in Ihrem Alltag mit Ihrer Arbeit beschäftigt sind, fragen Sie sich vermutlich, wann Sie all diese Zeit, Kraft und Finanzen aufbringen sollen, um den Diskurs zu den Anspruchseignern aufrechtzuhalten und zu einer sinnvollen Erkenntnis zu führen. Kommunikationsplattformen kosten Geld: für das Design, die Programmierung und die Unterhaltung. Die Pflege von Dialogen bedarf der Vorbereitung, Mitarbeit und Nacharbeit. Das Nachdenken und Argumentieren sind verantwortungsvolle Arbeitsleistungen, die der Ruhe, der Inspiration und der Reifung bedürfen. Wie ist der Forderung nach diskursivem Management in der Arbeitspraxis nachzukommen?

Der Schlüssel liegt in der sogenannten Zusatzwirkung. Sie bezeichnet einen Effekt, den man aus der Pharmazie als Nebenwirkung oder englisch als „*side effects*" beschreibt. Ich bevorzuge den Begriff der Zusatzwirkungen, denn keine unserer Sprech- oder Tathandlungen hat nur eine einzige isolierte Wirkung. Jede Entscheidung, jede Äußerung hat unterschiedlichste Konsequenzen für jeden einzelnen Adressaten. Der Unterschied der Nebenwirkungen zu den Zusatzwirkungen liegt darin, dass man die ersteren billigend hinnehmen muss, die anderen aber willentlich erzeugt.

Der Einwand der meisten Menschen hierauf lautet, dass man ja nicht immer, überall und jederzeit für alle Menschen erreichbar sein könne, da man sonst ja zu gar nichts mehr käme. Das Problem der generellen Erreichbarkeit sei ein gesellschaftliches Phänomen unserer Zeit und man müsse ihm Einhalt gebieten. Notfalls schroff. Ich halte entgegen: Sie können nicht nur, Sie müssen sogar ständig erreichbar sein.

Das Problem ist nämlich nicht die ständige Erreichbarkeit, sondern die ständige Mitteilsamkeit. Es wird dann zum Problem, wenn die Menschen zu oft Gründe finden, sich fragend oder rückversichernd an Sie zu wenden. Das ist aber ein organisatorisches und kein technisches oder gar gesellschaftliches Problem.

Zur Konzeption der Zusatzwirkung muss man im ersten Schritt die von einer Äußerung Betroffenen möglichst genau identifizieren und die Interessen in Bezug auf das Thema definieren. Im zweiten Schritt müssen Sie erkennen, welche Doppelwirkung Ihre Äußerung oder Entscheidung hat. Welche sind die positiven Effekte, welche die negativen?

Wenn Sie alle Auswirkungen bedacht haben, können Sie die Einwände, Bedenken und Widerstände abschätzen, die zu erwarten sind. Überlegen Sie, wie Sie ihnen begegnen können und formulieren Sie Problemlösungen, bevor man das Problem formuliert hat. Dann fassen Sie alles in einem Schlüsselsatz zusammen und entfalten Ihre Themen nach der TABEA-Formel.

Diese Praxis erfordert etwas Übung und Hineindenken, ist aber tatsächlich jede Mühe wert. Die Äußerungen werden verbindlich, die Menschen haben verbindliche Informationen und wissen genau, was sie in Zukunft erwartet. Unternehmen und Agenturen können verbindliche Konzepte erarbeiten und eine verbindliche Zusammenarbeit im Sinne einer Gemeinschaftsproduktion herstellen. Je verbindlicher diese Frühphase gelingt, desto weniger Kommunikation bedarf es in der Folge.

So erreichen Sie eine funktionelle Kundenverbindung:

- Schaffen Sie Dialogbereitschaft.
- Schaffen Sie eine Diskussionskultur.
- Unterbinden Sie höflich Polemik, Unsachlichkeit und persönliche Angriffe.
- Strahlen Sie Wärme aus.
- Seien Sie empathisch.
- Akzeptieren Sie Widerstand und kämpfen Sie ihn nicht nieder.
- Vermitteln Sie hilfreiche Erkenntnisse für das Lebensumfeld der Adressaten.
- Stellen Sie den Nutzen über Ihre Kompetenzen.
- Seien Sie zugänglich, aufrichtig, tolerant und verantwortungsvoll.
- Sagen Sie nicht, was andere tun soll(t)en oder müssen.
- Seien Sie präzise und eindeutig.
- Entschuldigen Sie sich für Fehler und bieten Sie Korrekturen an.
- Sprechen Sie von sich aus Probleme an.
- Argumentieren Sie lösungsorientiert.
- Arbeiten Sie auf eine Änderung negativer Verhaltensweisen hin.
- Schaffen Sie ein klares Bild der Realität und des Zukunftskonzeptes.

Und denken Sie immer daran: Ein diskursiver Dialog kann alles ändern. Diese Kraft dürfen Sie niemals unterschätzen!

Praxistipp

Wir leben in einer prozessualen Welt – nicht in einer materiellen. Die Prozesse schaffen die Substanzen und Resultate. Konzentrieren Sie sich auf friktionsfreie Beziehungen unter den Stakeholdern und legen Sie viel Zeit, Kraft und Liebe auf das Beziehungsmanagement. Es ist Leistungsmanagement!

Literaturangaben und weiterführende Literatur

Clarke-Epstein, C. 2003. *78 Schlüsselfragen, die jede Führungskraft kennen und beantworten sollte*. Wien: Linde.
Cloud, H., und J. Townsend. 2005. *Grenzen setzen – Beziehungen bauen*. Asslar: Gerth Medien GmbH.

Verbraucherverständnis: skeptische Investoren statt bockige Kinder

35

„*Iss deinen Teller auf und du bekommst einen Nachtisch. Wenn du dich jetzt beeilst, fahren wir zu Oma. Lass mich nicht alles tausendmal sagen!*" Diese Sätze genervter Eltern sind nicht so lange her, wie man vermutet, in der Werbung sind sie ungebrochen modern – und ungebrochen wirkungslos.

Dort lauten sie „*jetzt ein Produkt kaufen und ein günstigeres dazubekommen, nur für kurze Zeit*" und natürlich wiederholen, wiederholen, wiederholen …

Natürlich gibt es einen Grund für diese Art unangemessener Ansprache: mangelnde Response und hohe Streuverluste. Die Verbraucher wollen wortwörtlich nicht hören, beschäftigen sich anderweitig und ignorieren das Gesagte. Warum das so ist, ist ebenfalls kein Geheimnis. Werbung hat keinen Wert. Im doppelten Sinne: Weil sie nichts Wichtiges mehr zu erkennen gibt, sondern nur noch witzig, mit Wortspielereien und albernen Aufmachungen daherkommt, hat sie keinen bedeutungstragenden Wert, der interessieren und verbinden könnte. In ihrer schieren Masse ist sie nicht mehr zu bewältigen, sodass sie zum Übermassenartikel geworden ist und deshalb im Gattungsbegriff eher dem Müll als einer bedeutenden Information zugeordnet wird.

Weil alle Unternehmen für alle Produkte werben müssen und sich die Zahl der Möglichkeiten schneller potenziert als die Zahl der Konsumenten, ist die Menge an Werbung für den Verbraucher nicht mehr beherrschbar. Die Informationen können nicht nur nicht verarbeitet, sie können noch nicht einmal aufgenommen werden.

Mit den Angeboten steigen die Möglichkeiten und mit den steigenden Möglichkeiten sinkt die Entscheidungskompetenz. Immer vielfältigere Angebote machen Konsumenten nicht agiler, sondern träger. Ist erst einmal eine Auswahl getroffen, muss eine Entscheidung zunehmend unter strengen, rationalen Gesichtspunkten getroffen werden, und genau an diesen lässt es die Werbung fast immer vermissen.

Den Verbrauchern stellen sich Fragen, die über die schillernde, grelle und aufmerksamkeitsfordernde Werbegestaltung hinausgehen. Unternehmen und Agenturen sitzen keine trotzige Kindern gegenüber, die entsprechend genervt zur Handlung gebracht werden müssen, sondern potente, skeptische Investoren, die abwägen, wem das Geld zu übergeben ist und wofür!

Dabei ist es hilfreich, bei der Werbegestaltung sechs Kriterien zu berücksichtigen, die für Investoren zur Entscheidungsbegründung von Bedeutung sind:

1. *Zweck*: Was kann das Produkt und wozu ist es geschaffen? Warum ist die Entscheidung für dieses Produkt richtig, hilfreich und gut?
2. *Hintergrund*: Wie ist die allgemeine Lage? Was hat zur Entwicklung des Produktes geführt?
3. *Problemstellung*: Welche Probleme bestehen aktuell und welche Lösungen hält das Unternehmen oder das Produkt parat? Was haben Verbraucher davon und was andere Menschen? Wie verhält sich das Produkt auf dem Markt? Gibt es monopolistische Bestrebungen?
4. *Produkt*: Welche Vorteile hat das Produkt für Verbraucher? Was macht es besser, verträglicher, sinn- und wertvoller als andere? Warum sollen andere Produkte durch dieses ersetzt werden?
5. *Unternehmen*: Wer bietet das Produkt an? Wo und wodurch ist die Firma bislang und zukünftig profiliert? Welche Erfahrungen gibt es? Welche Mitarbeiter, Technik und Prozesse werden verwendet? Wie verträglich und wirtschaftlich sind sie? Gibt es außergewöhnliche Produktionsfaktoren, Schutzrechte, Auszeichnungen, Patente oder Erfindungen?
6. *Geschäftssystem*: Wie werden Stakeholder in das Zukunftskonzept eingebunden? Wie verhält sich das Unternehmen zum Markt und Wettbewerb? Wie stark sind Verbraucher Teil des unternehmerischen Prozesses oder gar unternehmerischer Entscheidungen?
7. *Finanzierung*: Wie gelangt das Unternehmen zu seiner Preisstruktur? Sind Zusammenhänge zwischen Preis und Kosten erkennbar? Wodurch finanziert/ refinanziert das Unternehmen seine Leistungen? Wer zahlt Preisnachlässe und Gratisleistungen? Was passiert mit dem Geld der Verbraucher?

Fassen Sie diese Informationen in einem Dossier zusammen und lassen Sie einen funktionellen Werbetext daraus erstellen. Einen besseren Weg, Anerkennung für Ihre Sach-, Dienst- und Wirtschaftsleistungen zu bekommen, werden Sie nicht finden.

Verbraucher sperren sich nicht gegen gute, sinnvolle Produkte, sie finden sie nur so schwer. Das liegt zum großen Teil daran, dass es die Werbung versäumt, diese Informationen zu veröffentlichen. Auch hier ist übrigens der als unüberwindbar geschilderte *Graben zur PR* zu überwinden, was Ihnen hilft, größere Effekte mit geringerem Mittel- und Arbeitseinsatz zu erzielen.

Praxistipp
Legen Sie mehr Kraft in die Gewinnung von Kunden als in die Gewinnung von Investoren. Argumentieren Sie klug und seien Sie verbindlich. Fragen Sie sich, warum der Kunde Betrag × ausgeben soll. Warum für Sie? Warum jetzt?

Literaturangaben und weiterführende Literatur

McKinsey & Company. 1997. *Planen, Gründen, Wachsen – mit dem professionellen Businessplan zum Erfolg.* 5. Aufl. München: Redline.

Kundendienst statt Marktbearbeitung 36

Unternehmen können viele Anstrengungen unternehmen, um auf den Markt zu gelangen, sich dort zu etablieren und ihn nach ihren Vorstellungen zu formen. Im zunehmenden Wettbewerb nehmen die Aktivitäten zur Marktbearbeitung für viele Unternehmen einen immer größeren Stellenwert ein. Dazu sind immer wieder Veränderungen nötig, die stetig neue Personal-, Material- und Finanzierungsstrukturen erforderlich machen.

Zudem setzen diese Aktivitäten ein Unternehmen und dessen Umfeld unter Druck, kosten Zeit und binden Energie, die an anderer Stelle besser freigesetzt wäre. Typische Reaktionen auf Marktveränderungen wie höhere Anbieterdichte oder steigende Konzentration vermutlich gleicher Leistungen sind häufig:

- Veränderungen im Portfolio-Management
- Marktprozessmodifikation nach Kundenbedürfnissen
- Margenanpassung
- Infrastrukturmodifikation
- Preisvarianz im Sinne von Wertgeschenken und Nachlässen

Natürlich sind noch eine ganze Reihe anderer Bearbeitungsmaßnahmen erwähnenswert, die Mitbewerber und Verbraucher zu den gewünschten Reaktionen lenken sollen. Doch um genau diese Liste geht es hier nicht. Ich empfehle in den meisten Fällen, ganz von solchen Aktivitäten abzusehen, da sie die Unternehmenskultur und Leistungsidentität verwässern können und dadurch der Differenzierung schaden und Ertragspotenziale vernichten können.

Stattdessen rate ich, nicht alle Anstrengungen an Wettbewerb und Kundenbedürfnissen auszurichten, sondern an der Kundenzufriedenheit durch Service.

Besonders von Bedeutung und in besonderem Maße gefordert sehe ich hier die After-Sales-Services, denen ich einen großen Mehrfachnutzen zuschreibe.

Zum einen verfügen sie über eine enorme energetische Kraft und können die Verbindung eines Menschen zu seiner Marke und seinem Unternehmen über ein differenziertes Werteschema langfristig krisenfest stabilisieren.

Zum anderen verfügen diese Maßnahmen über ein enormes Vermittlungspotenzial, sodass der Verdacht, ein Unternehmen sei nur am Verkaufen interessiert, unmittelbar nach dem Kauf am geringsten ist.

Und zum Dritten sind sie von Bedeutung, weil ich in diesen Aktivitäten ein riesiges Akquisitionspotenzial erkenne, das Sie heben müssen. Auch, um die Differenzierungsmöglichkeiten nicht zu vernachlässigen, die sich Ihnen hier bieten.

Aber auch in den Pre-Sales liegen gewaltige Chancen zur Gewinnpotenzialsteigerung und Differenzierung, wenn Sie sich auf die Kundenservices konzentrieren. Achten Sie darauf, auf folgende Punkte einzugehen:

- Seien Sie verbindlich.
- Seien Sie eindeutig.
- Seien Sie lösungsorientiert.
- Seien Sie relevant.
- Seien Sie plausibel.
- Seien Sie erkenntnisreich.
- Seien Sie erreichbar!

Der letzte Punkt soll hier eine besondere Erwähnung erfahren. Einfach deshalb, weil ich immer wieder erlebt habe, dass Unternehmen in der Pre-Sales-Kommunikation alles richtig und vollständig gemacht haben, und wenn die Kunden dann mit den richtigen Fragen zur richtigen Zeit anfragen wollten, war niemand zu sprechen. Begehen Sie diesen Fehler nicht, Sie irritieren damit die Menschen sehr.

Besonders die Werbeagenturen und an dieser Stelle noch einmal besonders die Funktionellen sind hier zu großer Aufmerksamkeit und Sorgfalt verpflichtet, da sie an der Schnittstelle zwischen Unternehmensleistung und Interessengruppen stehen und deshalb in diesem Bereich besonders große Erfolge mit besonders niedrigem Investment realisieren können.

> **Praxistipp**
> Ignorieren Sie den Markt! Der Markt sind die Absatzchancen. Absatzchancen sind die Kunden. Fokussieren Sie die Kunden!

Literaturangaben und weiterführende Literatur

Maslansky, M. 2012. *Die Sprache des Vertrauens*. Berlin: Ambition.

Bedeutung statt Einfachheit 37

Zwei Gesetze existieren in der Werbung:

1. Das Gesetz der Kürze.
2. Das Gesetz der Einfachheit.

Beide werden bis heute angehenden Werbetextern und Konzeptern in die Hirnwindungen gehämmert. Die Sprachpäpste des Deutschen tun ihr Übriges und unterstützen die immerwährende Forderung nach Kürzung und Simplifizierung. Der Werbung tun sie damit nicht nur keinen Gefallen, sie berauben sie auch ihres Potenzials! Kraftvolle, leistungsstarke Werbung braucht Masse, Gewicht, Zeit und Raum. Sie muss einen Mangel ausfüllen – nämlich den an Information. Diese Lücke füllen Sie nicht mit kleinen, harmlosen Versatzstücken, die so oder so ähnlich schon einmal funktioniert haben. Eine solche Lücke im Kundenkopf füllen Sie mit Komplexität, wobei wir beim Schlüsselbegriff von Werbung und Unternehmenskommunikation angelangt sind. Komplexität gilt heute als erklärter Feind des Menschen und muss um jeden Preis reduziert werden. Komplexität wird gleichgesetzt mit Schwerfälligkeit und Sperrigkeit, komplex gilt als Synonym zu kompliziert. Das ist falsch. Komplex bedeutet vielschichtig, kompliziert bedeutet schwierig. Ein Buch ist komplex aber wenig kompliziert, ein Sudoku ist sehr kompliziert, aber wenig komplex. Komplexität ist in Werbung, Organisation und Kommunikation ein wichtiger Bestandteil, der zu Differenzierung, Individualisierung und Charakterisierung beiträgt – wenn man sie zu managen versteht.

Das menschliche Gehirn ist das komplexeste Objekt des bekannten Universums. Aus gutem Grund: Nur diese Komplexität ermöglicht es ihm, Pläne zu ersinnen, Risiken zu kalkulieren, ferne Planeten und Galaxien zu erforschen, technische Wunder wie den LHC am CERN zu vollbringen und Waschmittel mit Gewinn zu verkaufen. Hier wäre die ständige Forderung nach Komplexitätsabbau und Reduktion verheerend. Wir könnten nicht mehr die gewünschte geistige Leistungsfähigkeit erreichen, wären bei zunehmendem Abbau nicht mehr wir selbst, hätten dann nicht mehr ein Gehirn, sondern ein Neuralrohr und wären in der geringsten Komplexitätsstufe bei den Nervenzellen angekommen, die sich wiederum bis auf die Elementarebene reduzieren – vereinfachen – lassen. Die Reduktion nimmt den Dingen ihre Identität, ihre Einzigartigkeit, ihre Persönlichkeit und macht sie so ununterscheidbar. Die hohe Kunst ist es, einen komplexen Sachverhalt in seine Einzelinformationen zu gliedern, die Informationen nach Relevanz zu ordnen und zu Informationscluster zu konfigurieren, die das Wesentliche enthalten, aber das Unwesentliche auslassen. Diese Konfiguration ist dann entsprechend den Bedingungen im Kommunikationssystem zu transmittieren. Was hier komplex und kompliziert klingt, lässt sich in der Praxis einfach bewerkstelligen: Jedes Ding hat einen Kern, der aus einem konkreten, definierbaren und kommunizierbaren Wert besteht. Diesem Wert lassen sich zusätzliche, assoziierte Werte zuordnen, die ein einfaches Wertesystem bilden. Diesem Wertesystem lassen sich erneut assoziierte Werte zuordnen, die ein Wertesystem der Komplexitätsstufe 1 bilden. So bauen sich Komplexitätsstufen auf – und natürlich auch wieder ab – indem alle sach- und wertrelevanten Informationen enthalten, aber verzichtbare Informationen weggelassen sind. Üben Sie sich in der Arbeit mit der angehängten Werteliste und lassen Ihrem assoziativen Kortex Schaffensfreiraum, Sie werden überrascht sein, wie viel Sie durch eine Beschäftigung mit Kern- und Assoziationswerten an zusätzlicher Wahrnehmung und Bedeutung gewinnen. Nutzen Sie diesen zusätzlichen Gewinn dazu, Bedeutung zu vermitteln. Es ist eine alltägliche Erfahrung, dass der Ruf nach Kürze und Einfachheit dem Mangel entspringt, Bedeutung zu vermitteln.

Komplexere und längere Ausführungen werden dann gelesen und gehört, wenn sie von der Sache her ausreichend bedeutend sind. Hier tritt sogar ein paradoxer Effekt ein: Werbetexte werden – trotz Relevanz – als weniger bedeutend eingestuft, je kürzer sie sind (eigene Erhebungen). Erst, wenn über ein wichtiges Thema ausführlich informiert wird, ist der Resonanzwert ausreichend hoch. Auf einem guten Weg ist zum Beispiel die Zahnpastawerbung für „Karex", der ersten Zahnpasta ohne Fluorid. Die Agentur informiert über EU-Grenzwerte, bleibt in einem dokumentarischen Stil und zeigt, dass ein Verzicht auf Fluor nicht nur erstrebenswert, sondern auch möglich ist. Wenn jetzt noch vermittelt wird, warum Fluor nicht erwünscht ist und wieso es dafür EU-Grenzwerte gibt, sehen wir den perfekten Spot! Optimale Komplexität bei idealer Identität. Der Spot ist nicht dem Diktat der Kürze und Einfachheit erlegen, sondern setzt auf Bedeutung und Information, die überzeugt. Ein seltenes Beispiel, das es verdient hat, in einem Fachbuch über funktionelle Werbung Erwähnung zu finden.

> **Praxistipp**
> Komplexität ist Identität! Seien Sie komplex ohne kompliziert zu sein, seien Sie vielschichtig und eindeutig. Nutzen Sie Komplexität um einen attraktiven USP zu generieren. Nehmen Sie sich Zeit, Raum und Masse, um Ihre Leistung bedeutend zu machen und lassen Sie sich nicht von strengen Forderungen nach Kürze und Einfachheit beeindrucken oder gar einschüchtern.

Literaturangaben und weiterführende Literatur

Bilstein, F., F. Luby, und H. Simon. 2006. *Der gewinnorientierte Manager*. Frankfurt a. M.: Campus.
Brafman, O., und R. Brafman. 2008. *Kopflos – Wie unser Bauchgefühl uns in die Irre führt und was wir dagegen tun können*. Frankfurt a. M.: Campus.
Maucher, H, F. Malik, und F. Farschtschian. 2012. *Maucher und Malik über Management*. Frankfurt a. M.: Campus.
Maslansky, M. 2012. *Die Sprache des Vertrauens*. Berlin: ambition.
McKinsey & Company. 1997. *Planen, Gründen, Wachsen – mit dem professionellen Businessplan zum Erfolg*. 5. Aufl. München: Redline.
Noë, Alva. 2011. *Du bist nicht dein Gehirn – Eine radikale Philosophie des Bewusstseins*. 3. Aufl. München: Piper.
Pattakos, A. 2005. *Gefangene unserer Gedanken – Viktor Frankls 7 Prinzipien, die Leben und Arbeit Sinn geben*. Wien: Linde.
Schmid, Wilhelm. 2007. *Glück – Alles, was Sie darüber wissen müssen, und warum es nicht das Wichtigste im Leben ist*. Frankfurt a. M.: Insel.

Konzentration statt Multi-Channeling 38

Jede Aktivität muss ein Symbol Ihrer Unternehmenswerte sein! Nutzen Sie dazu ein semiotisches Dreieck, es wird Ihnen helfen, sich auf das Wesentliche Ihrer Botschaften zu konzentrieren. Stellen Sie sich dazu bitte ein gleichschenkliges Dreieck vor. An der linken Spitze steht das Wort *Symbol*, an der oberen Spitze steht das Wort *Begriff* und an der rechten Spitze steht das Wort *Thema*. Die Beziehungen sind nun folgende:

1. Das Symbol erzeugt einen Begriff und repräsentiert das Thema.
2. Der Begriff bezieht sich auf das Thema.
3. Das Thema erhält seine Bedeutung aus Symbol und Begriff.

Diese Wirkbeziehungen müssen Sie jeder werblichen Maßnahme, ich behaupte sogar jeder Unternehmensäußerung, zwingend zugrunde legen, wenn Sie erfolgskritische Probleme vermeiden oder lösen und sich auf die Wirkung Ihrer Werbung konzentrieren wollen. Widerstehen Sie weiteren Inhalten, die diese Wirkbeziehungen verwässern oder gar von ihnen ablenken.

Zudem hat sich in der Werbung ein gefährlicher Trend verbreitet: das Multi-Channeling. Ein Unternehmen oder seine Leistungen müssen plötzlich auf so vielen Kanälen wie möglich vertreten und wahrnehmbar sein und dem Leser, Zuschauer, Hörer oder User ins Auge springen. Solche Maßnahmen sind aufwendiger in der Konzeption, teuer im Mediaeinkauf und aufwendiger im Controlling. Für die Verbraucher bedeutet das, mehr vom selben und damit ein Überangebot von Reizen und Informationen. Aus der Lernforschung weiß man, dass ein Mensch nicht zu überfordern ist, wenn ihn etwas wirklich interessiert. Es kommt also darauf an, die richtigen Informationen zuzustellen, und nicht, so viele wie möglich.

Im Laufe der Zeit haben sich Menschen, die Medien nutzen, an bestimmte Kanäle gewöhnt und sie zu ihren Lieblingskanälen gemacht. Manche mögen es digital, andere audiovisuell, wieder andere gedruckt und andere hören gerne zu. Die Technik der Neurolinguistischen Programmierung aus den 70er Jahren hat versucht, daraus eine Typologie abzuleiten und Sinnespräferenzen zuzuordnen – ob nun erfolgreich oder nicht. Das Multi-Channeling ist eine Fehlentwicklung und führt dazu, dass Verbraucher nur noch mehr Müll wegbringen müssen als zuvor und dass der Unmut gegen Werbung wächst.

Der Schlüssel liegt hier in der strengen Konzentration. Legen Sie sich von vornehrein auf ein Print-, ein Online- und ein *AV*-Medium fest und konzentrieren Sie definierte Werte exakt auf deren Wirkungskraft. Im Ergebnis wird das erheblich schneller in der Planung, günstiger in der Herstellung, einfacher in der Steuerung und rentabler im Ertrag sein als jede schnell getaktete Multikanalaktivität.

Praxistipp

Konzentrieren Sie sich auf eine Einheit: ein Thema, ein Motiv, eine Deutung, einen Argumentationsstrang, ein Leitmedium, einen Hauptkanal. Sorgen Sie für einen reibungslosen Informationsfluss!

Sinn stiften statt motivieren 39

Immer wieder ist zu lesen und zu hören, dass Werbung Verbraucher zum Kauf motivieren soll. Ich möchte fast mit Sicherheit davon ausgehen, dass der Verbraucher in uns allen – auch den Werbern – sich innerlich gegen diesen Anspruch wehrt. Überhaupt ist die Motivation ein häufiges Thema in Agenturen und Unternehmen. Personal soll motiviert werden, man selbst muss motiviert werden und sogar Kapital soll bisweilen motiviert werden. Spätestens darin sehe ich den Gipfel der Sinnlosigkeit diesen Begriff betreffend.

Motivation gibt es einmal als intrinsische Form, die in einem Menschen selbst entsteht, und extrinsische, die von seiner Umwelt an einen Menschen herangetragen wird. In beiden Fällen soll sie den Menschen zu etwas bewegen, was er ohne diesen Beweggrund nicht täte. Dieser Beweggrund ist die Motivation. Es gibt vermutlich kaum jemanden, der hier etwas Falsches erkennen könnte. Und doch ist es das. Problematisch wird es nämlich dann, wenn dieser Grund ausbleibt, die Motivation fehlt. In vielen Fällen der Werbung ist genau dies schon seit längerer Zeit typisch.

Menschen sehen keinen Grund mehr darin, den Motiven der Werbung Folge zu leisten, einfach weil sie allgegenwärtig und zu weit verbreitet sind. Kaufen, Bestellen, Ausprobieren, die Motivationsversuche der Botschaften sind identisch und darin liegt der Schlüssel zur Motivationslosigkeit begründet.

Es fehlt der Sinn. Ist etwas sinnvoll, erübrigt sich die Frage, ob man sich motivieren soll oder motiviert werden muss. Der Sinn allein ist ausreichendes Motiv für die Handlung. Besonders auffällig ist das im Arbeitsverhältnis, wo die Frage nach besserer Motivation (seltsamerweise aber nie nach dem Grund der fehlenden Motivation) bisweilen sehr viel Geld verschlingt, um entsprechende Trainings durchzuführen. Ein Mensch ohne Arbeitsmotivation ist ein Mensch, dem der tiefere

Sinn seiner Tätigkeit abhandengekommen ist. Er lässt dann Leistungsschwächen erkennen, wo vorher Stärken waren. Hier hilft es nicht, mit Durchhalteparolen und Spielen gegenzusteuern, sondern eine ernsthafte Sinndiskussion zu initiieren. Für die Werbung gilt das adäquat.

Üblicherweise gibt man etwas auf, weil es keinen Sinn hat oder den Sinn verloren hat. Manches hat von vorneherein keinen Sinn. All diese Sichtweisen sind falsch und deuten auf eine sprachliche Ungenauigkeit hin: Sinn *hat* etwas nicht, Sinn *ergibt* sich.

Sinn ist das, was entsteht, wenn man einen beliebigen Wert vor den Hintergrund passender Werte stellt, er ist eine Relation. Das Wort *Westen* hat keinen Sinn. Dieser entsteht erst, wenn man den Kontext *Kleidungsstücke* oder *Himmelsrichtung* miteinbezieht. Die beiden guten Nachrichten:

1. Es gibt nichts Sinnloses.
2. Sinn kann man stiften.

Das ist die Aufgabe der Werbung von Beginn an. Sinn entsteht, indem Sie einen Betrachtungswert vor einen Kanon aus Hintergrundwerten setzen. Darin liegt eine unschätzbare Chance. Denn Werte gibt es viele, und wenn Sie einige Verbindungen verschiedener Werte auf Ihre Unternehmensleistung anwenden, werden Sie sehen, welch ein gewaltiges Differenzierungspotenzial darin verborgen liegt. Zudem können Sie eine unverwechselbare Attraktivität für die Interessengruppen aufbauen. Menschen wollen nicht wissen, was sie tun sollen, sondern warum, sie wollen den Kern der Dinge erkennen und deren Wert erschließen, die bloße Kosmetik langweilt schnell und ist zudem inflationär.

Gehen Sie auf Sinnstiftungssuche und bedienen Sie sich der ausführlichen Werteliste des amerikanischen Persönlichkeitsberaters Steve Pavlina, die Sie im Anhang dieses Buches finden. Nehmen Sie diese zum Ausgangspunkt Ihrer Mission und operieren Sie mit den verschiedenen Werten, bis Sie auf Ihren ganz individuellen Sinn gestoßen sind.

Praxistipp

Vertrauen Sie auf die natürliche Intelligenz Ihres Publikums: Erkennt man die einmalige Chance, die einzigartige Bedeutung, den tieferen Sinn, generiert sich Motivation praktisch von selbst. Setzen Sie Ihre Energie hier ein!

Literaturangaben und weiterführende Literatur

Ebeling, K., und M. Gillner. 2014. *Ethik Kompass*. Freiburg i. Br.: Herder.
Frege, Gottlob. 2008. *Funktion, Begriff, Bedeutung – Fünf logische Studien*. Göttingen: Vandenhoeck und Ruprecht.
Fuchs, T. 2004. *Das Gehirn – ein Beziehungsorgan*. 2. Aufl. Stuttgart: Kohlhammer.
Maslansky, M. 2012. *Die Sprache des Vertrauens*. Berlin: Ambition.
Maucher, Malik. 2012. *Farschtschian: Maucher und Malik über Management*. Frankfurt a. M.: Campus.
Noë, Alva. 2011. *Du bist nicht dein Gehirn – Eine radikale Philosophie des Bewusstseins*. 3. Aufl. München: Piper.
Pattakos, A. 2005. *Gefangene unserer Gedanken – Viktor Frankls 7 Prinzipien, die Leben und Arbeit Sinn geben*. Wien: Linde.
Schmid, Wilhelm. 2007. *Glück – Alles, was Sie darüber wissen müssen, und warum es nicht das Wichtigste im Leben ist*. Frankfurt a. M.: Insel.

Risikominimierung statt Risikofreude 40

Besonders in der Werbung herrscht ein weitverbreiteter Pioniergeist, der sich vor allem durch eines auszeichnet: Risikofreude. *„Wer nicht wagt, der nicht gewinnt"* oder *„riskieren oder verlieren"*, lauten die Wahlsprüche der Risikobereitschaft. Mut wird entsprechend auch von den Auftraggebern der Werbung verlangt. Sie müssten mutig sein und ganz neue Wege gehen, um eine eigene, unverwechselbare Spur zu hinterlassen und sich einen Pionierstatus zu sichern.

Unbestreitbar gibt es Risiken, die man in Kauf nehmen muss, so zum Beispiel jenes, welches die Wirtschaft, ja das Leben allgemein, mit sich bringt und das man nur abzusichern versuchen kann. Es ist ein natürliches Risiko, das in der Natur offener Systeme liegt.

Darüber hinaus gibt ein Risiko, das sich vermeiden ließe, indem jemand für einen fraglichen Gewinn einen gewissen Einsatz aufs Spiel setzt. Es ist das in der Werbung am häufigsten geforderte Risiko. Man findet es ebenfalls bei Menschen mit einer ausgeprägten Spielleidenschaft.

Und dann gibt es noch das Risiko, das sich nicht umgehen lässt, weil es keine Optionen zulässt. Um größten Schaden abzuwenden, der ansonsten unweigerlich eintreten würde, muss man ein Risiko eingehen, das im günstigen Fall die Rettung bedeutet, im ungünstigen den Untergang.

Unter diesen drei Risikoarten gibt es eine, die vermeidbar und verzichtbar ist, und genau diese wird von den Werbeagenturen am dringendsten gefordert. Ich empfehle hingegen, hier besonnen, kühl und kalkulierend zu handeln und die Prinzipien dieses Buches zur Risikominimierung zugrunde zu legen.

Praxistipp
Schärfen Sie Ihr Bewusstsein für bedrohliche Signale. Reagieren Sie früh, aber nicht hektisch. Deuten Sie die Informationslage hinreichend, bevor Sie

kommunizieren oder handeln. Werden Sie sich der Janusköpfigkeit von Ereignissen bewusst: Jeder Nutzen bietet eine Gefahr, jeder Schaden eine Chance. Legen Sie mehr Aufmerksamkeit auf dieses Prinzip und lernen Sie Muster zu erkennen, die als Algorithmen dienen können!

Literaturangaben und weiterführende Literatur

Malik, Fredmund. 2008. *Die richtige Corporate Governance*. Frankfurt a. M.: Campus Verlag.
Malik, Fredmund. 2010. *Richtig denken, wirksam Managen*. Frankfurt a. M.: Campus Verlag.

Wertesprache statt Werbesprache 41

In den vorangegangenen Kapiteln werden Sie sich bezüglich der Empfehlungen und Erfordernisse möglicherweise gefragt haben: *„Das ist ja gut und schön, aber wie? Wie geht das?"* Dieses Kapitel soll die Frage beantworten.

Heute wird in der Werbung das Bild als das wesentliche Wirkungselement gesehen. Ich halte das für einen Fehler. Sicher ist guter Grafik und ansprechenden Bildern ein spontaner Effekt nicht abzusprechen, eine fruchtbare, dauerhafte Beziehung aber führt man von Beginn an mit Worten.

„Die Sprache ist die Grenze meiner Welt", schrieb der Philosoph Ludwig Wittgenstein. Nicht nur das, die Sprache ist auch die Grenze der Welt Ihrer Interessengruppen. Sie haben genau so viel Einblick in einen Sachverhalt, wie Sie zu schildern in der Lage sind. Das sollten Sie zum Aufbau fruchtbarer Beziehungen berücksichtigen. Ein funktioneller Werbetext kann drei wichtige Aufgaben erfüllen:

1. Erkenntnisse fördern
2. Erfahrungen vermitteln
3. Verbindungen schaffen und erhalten

In den Werbeagenturen ist die Meinung weitverbreitet, man müsse Geschichten erzählen, um die Leute zu erreichen. Ich halte das für einen erfolgskritischen Fehler. Erstens, weil Geschichten eben genau das sind: erfundene Begebenheiten. Deshalb fühlen sie sich auch immer ein wenig nach Märchenstunde an. Und zweitens, weil Geschichten in der Werbung meistens sehr flach sind. Hierzu sei noch einmal das Fernsehen zur Verdeutlichung herangezogen. Angenommen, Sie schauen einen sehr spannenden Film, der Sie völlig in den Bann gezogen hat. Sie folgen der Dramaturgie, die ein professioneller Autor und ein genialer Regisseur fesselnd umgesetzt haben, Sie fiebern mit dem Spannungsbogen und an seiner höchsten Stelle kommt eine Stimme, die Ihnen dranbleiben sagt, und es folgt eine Vielzahl alberner, belangloser Geschichten. Hierin sehe ich einen Hauptgrund für die grassierende Aggression gegen Werbung.

Ich sehe den Segen für die Werbung in der themenkonzentrierten Argumentation. Argumente lassen sich erfolgswirksam und messbar konstruieren und auf Rezipientenseite nutzenerfahrbar wieder ohne großen Aufwand dekonstruieren, wo hingegen Geschichten oft eine hohe Rezeptionsleistung erfordern, die kaum ein Verbraucher zu leisten gewillt ist. Zudem können Wertargumente mit geringem Aufwand eine sehr große Wirkung entfalten. Ein korrekter Syllogismus zum Beispiel, dessen Prämissen richtig und dessen Schlussfolgerungen konsequent erfolgen, kann schon mit sehr kurzen Sätzen oder gar Satzfragmenten eine restlos überzeugende, verbindliche Wirkung entfalten. Und das ohne jeden Griff in die Trickkiste der Rhetorik, sondern lediglich durch die Kraft der natürlichen Logik.

Damit wäre ich auch schon bei einem weiteren sehr wichtigen Thema. Alle Literatur und alle Werbetexter legen zugrunde, dass das Werbetexten eine rhetorische Disziplin sei, weshalb man sich in die Mittel und Techniken persuasiver Figuren einzuarbeiten habe, um sie zur Perfektion zu verfeinern. Das ist verzichtbar. Funktionelle Werbetexte sind eine Disziplin der Logik, der Argumentation und Diskussion und sollten deshalb entsprechenden Richtlinien folgen. Die Beschäftigung mit der funktionellen Textproduktion könnte Gegenstand eines eigenen Buches sein und soll deshalb hier nur angeschnitten werden.

Dreh- und Angelpunkt allen Erfolges sind die Werte. Sie sind Kern dieses Buches. Eine Werbekommunikation muss also zuallererst eine Wertekommunikation sein, um wirksam werden zu können. Dann, in zweiter Linie, muss sie intensive Verbindungen aufbauen, ohne auf die Notwendigkeit ständiger Wiederholung oder kreativer Penetranz angewiesen zu sein. Sie erreicht das, indem sie Erkenntnisse fördert und Erfahrungen weitergibt. Das Gute an Erfahrungen im Gegensatz zu Erlebnissen ist nämlich, dass man sie nicht selbst gemacht haben muss, um von ihnen zu profitieren.

Sie erreichen das, indem Sie ein Thema definieren und es deklarativ, informativ und kontaktspezifisch entfalten. Dazu stehen Ihnen die Möglichkeiten der Narration und Deskription zur Verfügung. Wichtig ist, dass Sie, um die Universalwirkung zu erreichen, Ihren Text in zwei Komponenten teilen:

1. Botschaften
2. Signale

Botschaften sind die direkten Informationen, die ein Thema betreffen, Signale sind die Auswirkungen dieser Informationen für die jeweiligen Interessengruppen.

41 Wertesprache statt Werbesprache

"Jetzt zwei zum Preis von einem und nur für kurze Zeit" kann für den Verbraucher bedeuten, schnell Geld zu sparen, für einen Investor, dass mit den Umsatzzahlen akut etwas nicht stimmt, und für einen Konkurrenten wie eine Kampfansage klingen oder wie das Signal schwächelnder Differenzierung. Die Signalwirkung ist eine exakt zu steuernde Komponente. Dazu nutzen Sie am besten das Mittel der Wiederaufnahmerelation. Innerhalb eines Textes nimmt man immer wieder Bezug auf ein Thema, allerdings jedes Mal aus einem anderen, interessenspezifischen Blickwinkel. Um zu zeigen, wie Wiederaufnahmefunktionen ein Signal verändern, betrachten Sie bitte folgenden Satz:

> Der amerikanische Präsident ist heute in Berlin gelandet. Der Friedensnobelpreisträger wird sich drei Tage in der wiedervereinten Hauptstadt aufhalten.

Betrachten Sie jetzt bitte folgenden Satz:

> Der amerikanische Präsident ist heute in Berlin gelandet. Der Oberbefehlshaber seiner Streitkräfte wird sich drei Tage in der ehemals geteilten Stadt aufhalten.

Friedensnobelpreisträger und *Oberbefehlshaber* sind die Wiederaufnahmen des Oberbegriffs *Präsident, wiedervereinte Hauptstadt* und *ehemals geteilte Stadt* sind Wiederaufnahmen des Oberbegriffs *Berlin*. Durch die Wiederaufnahmerelation ergeben sich zwei konträre Textsignale. Mal verbindend, mal distanzierend.

Sie erkennen die veränderte Signalfunktion aufgrund der Wiederaufnahmevarianz. Dieselbe Botschaft kann durch modifizierte Bezüge auf einen Oberbegriff jedes Mal ein anderes Signal transportieren und dadurch mehrere Interessengruppen in einem Textmedium erreichen und verbinden!

Wie intensiv Texte wirken können, die eine Sachkreativität in den Vordergrund stellen und dadurch Erkenntnisse fördern und Sinn vermitteln, können Sie dem folgenden Textbeispiel entnehmen. Es entstammt der Feder Bertold Brechts und gehört zu der Sammlung „*Geschichten vom Herr Keuner*" aus dem Jahr 1930. Das Besondere daran ist, dass er durch bloße Wertvermittlung und der Weitergabe der Erfahrung Herrn Keuners mit einem Elefanten alle denkbaren Interessengruppen ansprechen kann, die man sich in Bezug auf das Thema *Elefant* vorstellen kann.

> Als Herr K. gefragt wurde, welches Tier er vor allen schätze, nannte er den Elefanten und begründete dies so: Der Elefant vereint List mit Stärke. Das ist nicht die kümmerliche List, die ausreicht, einer Nachstellung zu entgehen oder ein Essen zu ergattern, indem man nicht auffällt, sondern die List, welcher die Stärke für große Unternehmungen zur Verfügung steht. Wo dieses Tier war, führt eine breite Spur. Dennoch ist es gutmütig, es versteht Spaß. Es ist ein guter Freund, wie es ein guter Feind ist. Sehr groß und schwer, ist es doch auch sehr schnell. Sein Rüssel führt einem enormen Körper auch die kleinsten Speisen zu, auch Nüsse. Seine Ohren sind verstellbar: Er

hört nur, was ihm passt. Er wird auch sehr alt. Er ist auch gesellig, und dies nicht nur zu Elefanten. Überall ist er sowohl beliebt als auch gefürchtet. Eine gewisse Komik macht es möglich, dass er sogar verehrt werden kann. Er hat eine dicke Haut, darin zerbrechen die Messer; aber sein Gemüt ist zart. Er kann traurig werden. Er kann zornig werden. Er tanzt gern. Er stirbt im Dickicht. Er liebt Kinder und andere kleine Tiere. Er ist grau und fällt nur durch seine Masse auf. Er ist nicht essbar. Er kann gut arbeiten. Er trinkt gern und wird fröhlich. Er tut etwas für die Kunst: Er liefert Elfenbein. (Aus: Brinker 2010, Seite 41)

Sehen wir jetzt mal davon ab, dass der Text von Brecht als eine Parabel auf die menschliche Natur gefertigt wurde, und beschäftigen uns nur mit der Funktionalität. Es ist erkennbar, dass auf eine Geschichtenbildung verzichtet wurde und der Text eine deklarative, argumentative und informative Funktion erhält. Er entfaltet seine Nachvollziehbarkeit und Wertvermittlung allein aus der Relevanz und der strikten Auflistung von Werten.

Brecht verzichtet hier auf jede rhetorische Persuasion sowie Spielkreativität und nutzt die Kraft der argumentativen Wertvermittlung und natürlichen Logik zur Hervorhebung der bewundernswerten Eigenschaften eines Elefanten. Die Attraktion des Themas entsteht im Rezipienten und wird nicht vom Emittenten aufgedrängt. Was hätten Sie bis dahin über einen Elefanten zu sagen gehabt und wie hätten Sie das Thema werblich in Szene gesetzt? Ähnlich beeindruckend?

Beachten Sie auch die Doppelwirkung, die in einem früheren Kapitel schon thematisiert wurde. Brecht schreibt von der Schneise, die der Elefant überall hinterlässt, wo er geht. Diese Tatsache ist negativ für die Vegetation, aber gut für das Vorankommen des Tieres. Hier können Sie erkennen, wie die verschiedenen Interessengruppen im selben Text vereint werden. Wichtig für ein funktionelles Verständnis von Werbung ist der vorletzte Satz: Sie *tut viel* für die Kunst. Sie *ist* keine Kunst! Die Kunst ist das Produkt. Ebenfalls bemerkenswert ist die Vollständigkeit. Auch die Fähigkeiten zu Qualitäten wie Trauer, Zerstörungskraft und Zorn bleiben nicht unerwähnt und machen das Bild glaubwürdiger und in sich geschlossen.

Sprachlich verträgt dieses Werk einen zeitgemäßeren Anstrich, inhaltlich aber nach den Regeln der Textproduktion für die Werbung darf es nicht angetastet werden und dient als mustergültiges Beispiel für funktionelle Sinn- und Wertvermittlung. Achten Sie im Übrigen immer darauf, die zu betonenden Werte an den Schluss zu stellen, um sie besser in Erinnerung zu halten und eine entsprechende mentale Haltung zu erzeugen.

„*Herr XY ist fleißig, aber unpünktlich*" hat eine andere Textwirkung als „*Herr XY ist unpünktlich, aber fleißig.*" In den allermeisten Fällen ist es zudem hilfreich, dass Wörtchen *aber* durch *und* zu ersetzen, um ungewünschte Nebenwirkungen und falsche Bewertungen zu vermeiden.

> **Praxistipp**
> Nutzen Sie die Vielfalt der Sprache. Konsultieren Sie Lexika, Synonymwörterbücher, Reimlexika, Fremdwörterlexika, Etymologische Lexika, Slang- und Szenelexika und alles, was Sie finden können. Geben Sie Ihrer Sprache mehr Farbe, Temperatur und Dynamik und heben Sie sich so von der Masse ab.

Literaturangaben und weiterführende Literatur

Aristoteles. 2004. *Topik*. Stuttgart: Philipp Reclam jun. Verlag.
Brinker, Klaus. 2010. *Linguistische Textanalyse*. 7. Aufl. Berlin: Erich Schmidt.
Clarke-Epstein, C. 2003. *78 Schlüsselfragen, die jede Führungskraft kennen und beantworten sollte*. Wien: Linde.
Ebeling, K., und M. Gillner. 2014. *Ethik Kompass*. Freiburg: Herder.
Frege, Gottlob. 2008. *Funktion, Begriff, Bedeutung – Fünf logische Studien*. Göttingen: Vandenhoeck und Ruprecht.
Fuchs, T. 2004. *Das Gehirn – ein Beziehungsorgan*. 2. Aufl. Stuttgart: Kohlhammer.
Graf von Bernstorff, A. 2012. *Einführung in das Campagning*. Heidelberg: Carl Auer.
Hardy, J., und C. Schamberger. 2012. *Logik der Philosophie*. Göttingen: Vandenhoeck und Ruprecht.
Herrmann, C., und C. Fiebach, 2004. *Gehirn und Sprache*. Frankfurt a. M.: Fischer Taschenbuch.
Malik, Fredmund. 2010. *Richtig denken, wirksam Managen*. Frankfurt a. M.: Campus.
Maucher, H, F. Malik, und F. Farschtschian. 2012. *Maucher und Malik über Management*. Frankfurt a. M.: Campus.
Maslansky, M. 2012. *Die Sprache des Vertrauens*. Berlin: ambition.
Pattakos, A. 2005. *Gefangene unserer Gedanken – Viktor Frankls 7 Prinzipien, die Leben und Arbeit Sinn geben*. Wien: Linde.
Schmid, Wilhelm. 2007. *Glück – Alles, was Sie darüber wissen müssen, und warum es nicht das Wichtigste im Leben ist*. Frankfurt a. M.: Insel.

Reizentlastung statt Reizüberflutung 42

Werbung ist heute zu einem regelrechten Rezeptionsauftrag, zu einer Aufnahme-Aufgabe geworden. Noch nie sind so viele Reize in einer derart kurzen Zeit oder einer derart kleinen Fläche untergebracht worden. Dabei schöpfen die Agenturen aus dem kompletten Arsenal. Stroboskopeffekte, schrille Gitarren oder hochfrequente Beats, gekünstelte Sprechweise und Sensationsstimme, leuchtende Effekte und Geräuschteppiche, die breit und kratzend unter allen anderen Inhalten liegen.

Im Übrigen halte ich all das Flackern, Flimmern, Flirren, Klirren, Scheppern und Quieken in übertriebener Manier für einen der Hauptauslöser der Werbeverdrossenheit. Oftmals kommen diese Effekte noch allzu albern daher und wirken zu konzipiert, als dass man sich mit ihnen identifizieren könnte. Tatsächlich stellen sich diese Maßnahmen besonders im Verbund, in dem sie ja oft auftreten, als nervtötend und lästig heraus und stehen auf der gleichen sympathischen Stufe mit einer Mücke im Sommer.

Auch hier hilft Reduktion, sich zurückzunehmen, eine kühle, sachliche Wertekommunikation aus der Klemme. Die erfolgreichsten Seiten im Internet zum Beispiel sind äußerst minimalistisch konzipiert und konzentrieren sich fast ausschließlich auf ihre Funktion. Sie sollten genauso vorgehen, wenn Ihnen an der Zuneigung der Verbraucher gelegen ist. Überreizende Werbemittel haben den Effekt von Vogelscheuchen auf dem Feld. Glitzern und Scheppern sollen hier ja auch keine Vögel anlocken, sondern vertreiben. Schrille Werbung will zwar genau das Gegenteil einer Vogelscheuche bezwecken, erreicht aber dasselbe.

Praxistipp

Fügen Sie der Informationsflut nicht einfach eine weitere Welle hinzu. Bedenken Sie, dass alles, was Sie sagen wollen auch gehört werden muss. Schaffen oder finden Sie eine reizarme Umgebung oder seien Sie selber schlank an Reizen. Hier zählt mehr als sonst die Qualität, nicht die Quantität. Nicht die Fülle der Information generiert die Entscheidung, sondern die Relevanz!

Intensität statt Reichweite 43

Der Grund für die allgemein schlechten Responsewerte und die oft sehr hohen Streuverluste liegt in der Ausrichtung der Konzepte auf Reichweite. Man streut möglichst breit, um dabei wenigstens geringe Trefferquoten zu erzielen, die meisten Werbeagenturen sehen bereits zwei Prozent Erfolgsquote als einen Grund zum Feiern an. Stellen Sie sich vor, die gleiche Quote würde ein Anästhesist oder ein Chirurg zugrunde legen.

Es ist nicht schwer zu erkennen, dass die Reichweitenmethode mehr Schaden als Nutzen bringt, da sie die Werbeblöcke in die Länge zieht, die Briefkästen verstopft und die Internetpraktikabilität verringert. Wer auf Reichweite setzt, erreicht im buchstäblichen Sinne heute niemanden mehr. Bis eben auf die wenigen rühmlichen Ausnahmen, mit denen Werbeagenturen dieses Vorgehen rechtfertigen.

Werbung muss sich auf ihre Tiefenwirkung konzentrieren, wenn sie erfolgreich und problemlösend sein will. Menschen müssen sich mit ihren Inhalten verbunden fühlen und die Themen zu ihrer Sache machen. Dann können Sie sich einer gründlichen Rezeption sicher sein und sich darauf verlassen, dass Ihre Werbung akzeptiert und nachgefragt wird. Hierin ist auch immer der erste Schritt zum immer wichtiger werdenden Empfehlungsmarketing zu sehen. Die funktionellen Werbemittel haben eine intensive Relevanz, dass Menschen sie gerne weitergeben oder über ihre Inhalte sprechen und nicht – wie im Moment – über ihre Kreation – wenn überhaupt.

Dazu müssen Sie Erkenntnisse herleiten und Erfahrungen vermitteln, die für den Wert Ihrer Leistung für die Interessengruppen sprechen. Eine bessere Akzeptanz werden Sie mit Reichweite nicht erzielen. Intensität, Eindringlichkeit, ist ein zwischenmenschlicher Prozess, der eine starke Verbindung zwischen Menschen, Medien und Marken herstellt und die Basis für erfolgreiche, langfristige Geschäftsbeziehungen begründet.

> **Praxistipp**
> Gehen Sie in die Tiefe, nicht in die Breite. Tiefenstrukturen schaffen Sie, indem Sie ein Thema verfolgen und es linear aufbauen: Beginnen Sie mit der offensichtlichsten Eigenschaft, gehen sie über die weniger offensichtlichen Eigenschaften bis hin zu der verborgensten Eigenschaft. Das ist immer besser, als viele offensichtliche Eigenschaften nebeneinander zu stellen. Das macht eine Leistung flach und unbeeindruckend!

Marken machen lassen statt Marken kaufen lassen

44

Erlebnisse kann man nicht kaufen, Marken auch nicht. So viel schon vorweg. Menschen kaufen Produkte nicht, nur weil es andere tun, sondern, weil sie deren Werte mit den eigenen in Verbindung setzen. Hier liegt ein für das Marketing unschlagbarer Vorteil: Statt den Menschen Marken vorzusetzen und ihnen zu sagen, warum sie ein Produkt für eine Marke halten sollen, ist der Schlüssel der Markenbildung in der Reifung zu sehen.

Die vermittelten Werte und ihre Hintergründe lassen in den Menschen die Marke erst entstehen. Dabei hilft es, sich den Markenbegriff deutlich zu machen. Ich denke, dass sich die Marke nicht von *Markierung*, also weithin sichtbares *Erkennungszeichen*, ableitet, sondern vermutlich von *Gemarkung*, als *Grenze*! Das ist meine Interpretation. Die Gebiete haben Überschneidungen, sind aber auf der Bedeutungsebene unterschiedlich. Sicher gelten beide Sichtweisen der Hervorhebung, im Fall der Grenze aber eben mit einer speziellen Bedeutung, die über den bloßen Signalwert hinausgeht. Der Mensch, der ein Symbol zu seinem Markenzeichen macht, grenzt sich von anderen Einstellungen ab und gibt sich damit in seiner Konsumhaltung zu erkennen. Die Marke wird damit zum Ausdruck einer Grundhaltung, einer prinzipiellen Einstellung eines Menschen zu seiner Umwelt. In ihr äußert er seine tatsächliche oder erwünschte Persönlichkeit. Daher ist es wichtig, die Marke in den Menschen reifen zu lassen, da nur so ein wirklicher Bezug des Trägers zum Produkt entstehen und bestehen kann. Auferlegte, quasi diktierte Markenimages haben nur eine oberflächliche Wirkung und können schon durch das nächste Produkt eines anderen Anbieters abgelöst werden. Sie lassen sich, ähnlich einer Kosmetik, leicht abwaschen. Auch durch Mitbewerber!

© Springer Fachmedien Wiesbaden GmbH, ein Teil von Springer Nature 2018
R. H. Gärtner, *50 Tipps für eine wirkungsvolle Zielgruppenansprache*,
https://doi.org/10.1007/978-3-658-21367-1_44

Praxistipp

Erneut: Vertrauen Sie der natürlichen Intelligenz Ihrer Kunden. Eine Marke entsteht nicht durch Erklärungen, sondern durch Erfahrungen. Erst wenn ein Mensch einen persönlichen Vorteil aus einem Produkt gewinnt, wird es zu seiner Marke!

Natürlich statt künstlich 45

Werbung ist kein betriebswirtschaftlicher Gegenstand, sondern hat eine natürliche und menschliche Funktion. Die Interaktion von Werbendem und Umworbenen ist fester Bestandteil einer erfolgreichen Evolution und als solche elementar und unverzichtbar. Wäre das anders, bedürfte es nicht dieses Buches. Was die Werbepraxis angeht, so unterscheide ich Fregattvögel und Graugänse. Männliche Fregattvögel besitzen einen leuchtenden, weithin auffallenden grellroten Kehlsack zur Signalgebung an Weibchen und Kontrahenten. Graugänseriche verzichten auf derlei Effekthascherei und setzen auf Bindungswerte wie Fürsorge und Sicherheit. Entsprechend sehe ich in der rezenten, aufmerksamkeitsfixierten Praxis mit den zahllosen roten Elementen die Fregattvogel-Werbung und in der verbindlichen, wertorientierten Praxis der Graugänse die Funktionelle Werbung. Interessant ist, dass Vogelarten mit spektakulärem Balzschmuck wie beispielsweise auch Pfaue ständig neue Partnerbindungen benötigen, während unspektakuläre Arten wie etwa Schwäne an lebenslangen Bindungen interessiert sind. Fragen Sie sich ernsthaft, was Ihnen im Hinblick auf Ihren Unternehmenserfolg mit Ihren Interessengruppen erstrebenswerter erscheint.

Zudem ist heute eine ganze kostenintensive Industrie damit beschäftigt, Dinge nach einer Idealvorstellung aussehen zu lassen statt danach, wie sie wirklich sind. Äpfel, die in einem Prospekt zu sehen sind, haben keine Falten, dunklen Stellen oder Druckstellen und selbst Menschen werden mittels Bildbearbeitung einer Idealvorstellung angeglichen. Dass sich diese in der Wirklichkeit, und zwar der Konsumentenwirklichkeit, immer weniger wiederfindet, ist eines der großen Dilemmata der Werbung. Je weiter sie sich von der Realität entfernt, desto fragwürdiger wird das Ideal. Eine höhere Akzeptanz erfahren Werbeformate nur durch die Rückkehr zu den natürlichen Wurzeln. Es ist für jeden besser, wenn er weiß, worauf er sich einlässt und was ihn erwartet, als sich von Versprechungen leiten zu lassen, die sich als Fälschungen herausstellen. Haben Sie wieder den Mut, natürlich zu sein, und zeigen Sie das auch in Ihrer Bild- und Wortsprache deutlich.

Praxistipp

Verabschieden Sie sich endgültig von der übertriebenen, affektierten, und aufgeregten Sensationssprache der Werbung. Nehmen Sie Ihren natürlichen Sprachstil an – in Wortwahl, Satzbau und Prosodie.

„Goldener Kern" statt Überhöhung

Überhöhung ist bereits in einem vorausgehenden Kapitel angeklungen. Hier möchte ich noch einmal explizit auf die Schädlichkeit dieses Vorgehens für den Erfolg von Werbeformaten hinweisen. Das Präfix „über-" kennzeichnet bereits in vielen Fällen ein Übermaß, ein zu heftiges Treiben im Sinne einer *Über*treibung. Anders ist das im Gebrauch von hinüber, also beim Überqueren von Straßen oder Flüssen, oder beim Übersetzen von Texten aus einer in eine andere Sprache. Hier liegt natürlich kein Übermaß vor. Ebenfalls von der negativen Deutung ausgenommen ist das Wort überglücklich, das sich aber als sprachliche Schludrigkeit herausstellt, wenn man davon ausgeht, dass glücklich sein bereits die Stufe ist, die keine weitere Steigerung erfährt. Einziger Ausnahmefall ist die Überzeugung, die im Positiven besagt, dass man mehr Bezeugungen hat, als nötig gewesen wären, und deshalb alle Zweifel ausgeräumt sind.

Alle sonstigen Über-Funktionen signalisieren durch das Präfix einen zu erwartenden Schaden: die überhöhte Geschwindigkeit, die Überfrachtung des Lkw, die Überfischung der Meere und die Überforderung von Menschen. Verweigern Sie sich der Übertreibung und auch der bloßen Erhöhung. Verlassen Sie sich auf die überzeugende Kraft, die in der sachkreativen Darstellung eines wertverbindlichen, sinnvollen Produktes liegt, und auf die natürliche Logik der Interessengruppen, die diese Qualitäten schätzen.

Setzen Sie auf Ihren individuellen „Goldenen Kern" und darauf, dass Gold noch immer – auch im übertragenen Sinne – die attraktivste Anlageform ist und die größte Faszination besitzt. Besonders für Verbraucher.

Praxistipp
Finden Sie Ihre goldenen Kernwerte. Das sind solche, die im wahrsten Sinne Gold wert sind. Überhöhung und Überfrachtung verbrauchen unnötig Energie und machen träge. Goldwert ist beständig und immer eine gute Anlageform – im tatsächlichen, wie im übertragenen Sinne!

Markterneuerung statt Marktsättigung 47

Gesättigte Märkte und Commodities sind eine Erfindung der Werbe- und Marketingagenturen und ein Beleg für spektakuläre Faulheit und Unkreativität. Tatsächlich sind sie ein Versäumnis, sich Gedanken über die wirklichen, verdeckten oder vergessenen Werte eines Produktes zu machen und seine Individualität zu definieren. Wie an anderer Stelle bereits angedeutet, gibt es keine zwei absolut gleichen Entitäten – ebenso wie gesättigte Märkte. Aber es gibt ein Verhalten und eine Denkweise, die diesen Anschein erwecken, und leider findet diese Irrmeinung überall glühende Verehrer und unkritische Anhänger.

Produkte sind einzigartig und Märkte werden geschaffen. Akzeptieren Sie keine abweichende Meinung ohne absolut plausible Erklärung. Jede Unterhaltungsserie oder Zeichentrickreihe, die halbwegs erfolgreich ist, schafft einen neuen Markt für unzählige Merchandising-Produkte. Vor *„Star Wars"* oder *„Harry Potter"* hätte niemand geglaubt, welches Potenzial in der Schaffung neuer Märkte liegt. Von Sättigung noch lange keine Spur. Ebenso verhält es sich mit Erweiterungen bestehender und erfolgreicher Märkte. Ein Bedarf oder eine Nachfrage liegt nicht in der Umgebung einer Unternehmensleistung, sondern in ihrem Wesen.

Und wieder ist es eine Frage der sinnvollen Vermittlung. Ein Produkt, das auf dem einen Markt erfolglos ist, kann, wenn man die Betrachtungswerte mit neuen Hintergrundwerten verknüpft, einen bestehenden Markt erneuern oder einen neuen schaffen. Sildenafril, ein Wirkstoff, der bei Herzkranzverengung Menschenleben retten sollte, rettet jetzt als Wirkstoff gegen erektile Dysfunktion das Liebesleben zahlloser Paare. Es müssen lediglich Zusammenhänge neu gedacht werden und dazu ist, wie oben beschrieben, das Werteschema zu ändern und neuer Sinn zu stiften.

Gegen die Marktsättigungs- und Produktgleichheits-Legende jedenfalls ist ein Kraut gewachsen. Sie sollten bei Ihren Konzepten stets darauf achten, dass Ihnen kein Ertrag steigerndes Potenzial unterschlagen wird oder verloren geht. Denken Sie Zusammenhänge immer wieder neu und hinterfragen Sie etablierte Produkte und reife Märkte. Fahnden Sie stets nach neuen Möglichkeiten, die Ertragsphase zu verlängern oder zu steigern, und schwächen Sie ein gutes Produkt nicht durch falsche Behauptungen.

Praxistipp

Akzeptieren Sie keine Marktsättigung. Wo ein Nutzen ist, ist auch ein Markt – egal wo und wie lange schon. Wenn sich ein Produkt nicht (mehr) verkauft, dann, weil es keinen Nutzen mehr bietet und keinen Wert hat, nicht weil es keinen Markt gibt. Arbeiten Sie am Nutzwert und der Markt steht Ihnen offen. Am besten sind Sie beraten, wenn Sie ein tatsächliches Kundenproblem lösen, das noch keiner (so) gelöst hat. Diese Fleiß- und Kraftaufgabe wird sich vielfach auszahlen!

Literaturangaben und weiterführende Literatur

Bilstein, F., F. Luby, und H. Simon. 2006. *Der gewinnorientierte Manager*. Frankfurt a. M.: Campus.
Brafman, O., und R. Brafman. 2008. *Kopflos – Wie unser Bauchgefühl uns in die Irre führt und was wir dagegen tun können*. Frankfurt a. M.: Campus.
Brinker, Klaus. 2010. *Linguistische Textanalyse*. 7. Aufl. Berlin: Erich Schmidt.
Ebeling, K., und M. Gillner. 2014. *Ethik Kompass*. Freiburg (Brsg.): Herder.
Frege, Gottlob. 2008. *Funktion, Begriff, Bedeutung – Fünf logische Studien*. Göttingen: Vandenhoeck und Ruprecht.
Fuchs, T. 2004. *Das Gehirn – ein Beziehungsorgan*. 2. Aufl. Stuttgart: Kohlhammer.
Graf von Bernstorff, A. 2012. *Einführung in das Campagning*. Heidelberg: Carl Auer.
Malik, Fredmund. 2008. *Die richtige Corporate Governance*. Frankfurt a. M.: Campus.
Malik, Fredmund. 2010. *Richtig denken, wirksam Managen*. Frankfurt a. M.: Campus.
Maucher, H., F. Malik, F. Farschtschian. 2012. *Maucher und Malik über Management*. Frankfurt a. M.: Campus.
McKinsey & Company. 1997. *Planen, Gründen, Wachsen – mit dem professionellen Businessplan zum Erfolg*. 5. Aufl. München: Redline.
Wilhelm, R. 2010. *I Ging – Buch der Wandlungen*. 2. Aufl. (Übers. R. Wilhelm). Wiesbaden: marix.

Vermittlungsanspruch statt Verkaufsanspruch

In diesem Buch wurde das Prinzip bereits erwähnt. Ich halte es jedoch für derart zentral, dass ich ihm hier noch einmal eigenen Raum gebe, damit es deutlicher hervortreten kann: Werbung hat keine Verkaufsfunktion.

Der *Verkaufsanspruch* der Werbung ist der erste von zwei Gendefekten, die zu den Erbkrankheiten führen. Der zweite ist *Aufmerksamkeits-Hascherei*. Diese beiden Gendefekte führen zu den Erbkrankheiten Penetranz und Unglaubwürdigkeit durch Überhöhung.

Deren *subjektive Symptome* lauten: zu viel, zu normal, zu ineffizient, zu nervig, zu resistent, zu unglaubwürdig und zu unpersönlich.

Die *objektiven Symptome* sind: Umsatzschwächen, ungenutztes Ertragspotenzial, Geschäftssterben in den Innenstädten, brachiale Expansion der Online-Giganten, Schwächung des stationären Handels, Beratungsdiebstahl, flache Gewinnmargen, Verdrängungs- und Vernichtungswettbewerb, niedrige Responsewerte, hohe Streuverluste, ausufernde Werbekosten, Preis- und Rabattdruck, Innovationszwang, Wertverfall, Selbstverständlichkeit von Leistungen, Verlust der Alleinstellungsmerkmale, Stellenabbau, radikale Kostensenkungs- und Einsparungsprogramme, Kundenabwanderung, Ärger und Belästigung durch Werbung, Werbemüdigkeit der Verbraucher, geringe Werbeakzeptanz, Shoppingfrust, Konjunkturflauten und Wirtschaftskrisen.

▶ Funktionelle Werbung ist die anerkennende Vermittlung verlässlicher Werte im Hinblick auf eine dauerhafte, auf positiven Gewinn ausgerichtete Verbindung.

Das sollte Ihre Empfindungs-, Denk-, Äußerungs- und Handlungsmaxime sein, wenn Sie an einer dauerhaften Eliminierung erfolgskritischer Werbeprobleme interessiert sind.

Praxistipp
Gestalten Sie Ihre Werbung als Vermittlungsinstrument. Niemand kauft eine Leistung, nur weil Sie ihn darum bitten (oder es ihm per Imperativ befehlen). Vermitteln Sie Werte, die eine so starke Attraktivität erzeugen, dass der Kunde von selbst eine Kaufentscheidung treffen muss.

Subtile Signale statt Botschafts-Bombardement

Subtile Signale sind sympathischer, plumpe Prahlerei provoziert. Auf diese Formel können Sie sich verlassen. Stellen Sie sich bitte ein letztes Mal unsere Cocktailparty vor und Menschen, die in proaktiver Selbstdarstellung auf Sie zustürmen, um Sie von Vorzügen und Leistungen zu überzeugen, die Sie gar nicht interessieren. Anders sind die Menschen, die leise Andeutungen machen, Interesse mit geschickten Fragen wecken und selbst Interesse am Gegenüber zeigen, statt nur welches für sich einzufordern. Anspielungen erhöhen das Interesse, wer gleich mit der Tür ins Haus poltert, wirkt nicht nur aufdringlich, er hat auch keine erkundenswerten Reize. Menschen aber sind neugierige Wesen und erschließen sich die Möglichkeiten aus ihrer Umwelt gerne experimentell. Lassen Sie immer genug Wert, den es sich zu entdecken lohnt, es ist immer ein besseres Gefühl, sich etwas erobert oder verdient zu haben, als alles hinterhergeworfen zu bekommen.

> **Praxistipp**
>
> Setzen Sie auf die Kraft der Inspiration. Machen Sie die richtigen Andeutungen und lassen Sie den assoziativen Kortex Ihres Gegenübers für sich arbeiten. Vermeiden Sie billige Effekthascherei!

Hochpreis-Strategie statt Niedrigpreis-Strategie

50

Geld ist ein abstraktes Thema. Als man begann, es als Ersatz für Tauschwaren einzusetzen, wurde vieles leichter und manches komplizierter. Ein großes Thema unserer Zeit ist die sogenannte Schnäppchen-Mentalität. Kaum ein Unternehmen, das nicht darüber klagt, und kaum eines, das etwas dagegen tut. Die Niedrigpreis-Strategie ist eine der am weitesten verbreiteten Marketingstrategien der Gegenwart und Auslöser zahlreicher Konflikte und Probleme. Der Nutzen liegt in der kurzfristigen Absatz- und Umsatzsteigerung und dem dadurch bedingten Zuwachs von Marktanteilen. Doch Vorsicht: Gewinne können bei steigenden Umsatz- und Absatzzahlen gefährlich absinken. Das muss man stets im Auge und im Sinn behalten, verliert man die Gewinnentwicklung aus den Augen, ist das Unternehmen akut bedroht.

Ich bin ein erbitterter Gegner von Niedrigpreis-Strategien, Wertgeschenken und Rabattkampagnen. Jeder will einen Wert und dafür muss es einen angemessenen Gegenwert geben. Das ist nämlich der, die Anfänge der Wirtschaftstätigkeit begründende, Sinn des Tauschhandels!

Und genau da liegt das Problem: Der Wert ist nicht mehr ersichtlich bzw. so etwas wie wirtschaftliche Werte gibt es gar nicht mehr, wie einer der führenden Managementdenker unserer Zeit behauptet. Er ist der Meinung, es gäbe nur Preise. Genau darin liegt die Krux. Weil man das seit Jahren und Jahrzehnten allen Verbrauchern und Investoren erzählt und auch nichts anderes als Kosten und Preise kommuniziert, gehen Wahrnehmung und Achtung gegenüber Leistungswerten völlig verloren. Verbraucher können in den allermeisten Fällen den Zusammenhang zwischen Leistung und Preis nicht mehr herleiten.

Warum dasselbe Produkt in der exakt gleichen Ausführung mal den einen, mal den anderen Preis hat, erschließt sich kaum noch – wenn überhaupt. Die Aufmerksamkeit gilt lediglich dem Preis, und zwar dem kleinsten. Viele Unternehmen leiden unter der Niedrigpreisforderung der Verbraucher und dem Preisdruck des Wettbewerbs und sehen sich zu keiner Alternative fähig. Doch die gibt es: die Hochpreis-Strategie.

Die meisten Menschen sind bereit, einen zum Teil erheblich höheren Preis zu zahlen, wenn sie es als sinnvoll erachten. Dazu müssen die Werte, welche die Mehrinvestition begründen, erkennbar, nachvollziehbar, relevant und erstrebenswert sein. Das ist mit einer schlichten Preispromotion nicht möglich. Es bedarf grundsätzlicher Wandlungen. Ich empfehle die folgenden drei:

1. Wandeln Sie Verkaufs- oder Absatzziele in Gewinnziele.
2. Wandeln Sie Preisdiskussionen in Wertediskussionen.
3. Wandeln Sie monetäre Beziehungen in zwischenmenschliche.

Viele Unternehmen oder Agenturen hatten schon ähnliche Vorstellungen, wussten aber nicht, wie diese zu realisieren seien, schon gar nicht in der erforderlichen Kürze. Dazu empfehle ich das Prinzip der Wertewandlung. Sie haben einen Ausgangswert a, stellen dazu Alternativen b und c in Verbindung. Dann formulieren Sie: Wenn b, dann d, und wenn c, dann e. Dadurch ist die Entscheidung zwischen b und c zu einer Entscheidung zwischen d und e geworden.

Ein Beispiel. Jemand kocht für Sie einen Fisch. Sie werden gefragt, wollen Sie Reis oder Kartoffeln? Wenn Sie Kartoffeln wollen, müssten Sie einkaufen gehen, wenn Sie Reis wollen, können Sie zuhause bleiben. Schon ist die Frage nicht mehr Reis oder Kartoffeln, sondern gehen oder bleiben. Diese Wertewandlung funktioniert überall.

Doch nun zum Preis. Jedes Unternehmen unternimmt Wettbewerbsaktivitäten in fünf Segmenten:

1. Höchste Kundenzufriedenheit
2. Beste Qualität
3. Spitzenservice
4. Fairste Produktion
5. Niedrigster Preis

Angestrebt ist bisher eine Führerschaft in möglichst vielen Segmenten mit Schwerpunkt auf Kundenzufriedenheit durch Niedrigpreis. Diese Angebots-Schere schließt sich erfahrungsgemäß nicht in befriedigendem Maße, sondern öffnet sich meist mit zunehmender Aktivität in den entsprechenden Feldern. Spreizt sie sich zu weit, kann das den endgültigen Verlust der Leistungsfähigkeit, der Wettbewerbsfähigkeit und schließlich der Zahlungsfähigkeit begründen.

50 Hochpreis-Strategie statt Niedrigpreis-Strategie

Ich empfehle, alle Aktivitäten der Geschäftsstrategie auf die Bereiche 1 bis 4 am Kundenwillen auszurichten und im Bereich 5 eine Hochpreisführerschaft anzustreben, die Sie mit der Funktionellen Werbung erringen können.

Wichtig ist aber zu erkennen, dass alle Verbesserungen der Kundenzufriedenheit durch Niedrigpreis von den dazwischenliegenden Faktoren Qualität, Bedingungen der Produktion und Zulieferung wie auch der Services finanziert werden. Der Zuwachs des einen bedingt Abstriche des anderen, wenn das Unternehmen wirtschaftlich bleiben will.

Diesem Zusammenhang gilt es, durch Wertewandlung und Neugewichtung sinnvoller Verbraucherwerte zügig entgegenzusteuern. Alle Verbesserungen der Bereiche 1 bis 4 werden konsequent an den Verbrauchern ausgerichtet, deren Vorstellungen man anhand von Beobachtungen und Befragungen formuliert.

Der Preis ist das Instrument der Wahl zur Gewinnsicherung und ergibt sich aus dem Wertesystem eines Unternehmens unter Verwendung der Gewinnkurvenableitung anstelle der Kosten-Plus-Methode oder von Wettbewerbsbenchmarks. Preissenkungen, Wertgeschenke und Gratisleistungen sind bei Kunden beliebt und bleiben erlaubt, beruhen aber auf dem Gegenseitigkeitsprinzip! Diese neue Grundhaltung muss gegenüber allen Beteiligten empathisch, aber eindeutig vermittelt werden.

Der gewinnoptimale Preis ist hierbei von zentraler Bedeutung: Darunter liegende Preise schmälern den Gewinn, da auch eine größere Absatzmenge die geringere Stückmarge nicht ausgleichen kann. Darüber liegende Preise schmälern den Gewinn, da die höheren Stückmargen die geringere Absatzmenge nicht ausgleichen können. Das Ziel ist die höchste Kundenzufriedenheit bei Hochpreisführerschaft!

Praxistipp

Verschenken Sie kein Geld, verdienen Sie es. Setzen Sie angemessen hohe Preise an und vermitteln Sie den Wert. Sorgen Sie für Akzeptanz durch Transparenz und vermeiden Sie Verhandlungen. Wenn Sie Nachlässe geben, achten Sie auf Gegenleistungen. Treten Sie nicht mit Dumping- oder Kennenlernpreisen in den Markt. Sie verspielen sonst die Chance auf einen angemessenen Verdienst. Erfinden Sie keine Mondpreise, die Wert vorgaukeln sollen. Niemand kann heute die Höhe eines Preises und die Höhe der Qualität mehr in einen Kontext bringen. Wenn Sie nachbessern müssen, dann das Produkt, nicht den Preis!

Literaturangaben und weiterführende Literatur

Bilstein, F., F. Luby, und H. Simon. 2006. *Der gewinnorientierte Manager*. Frankfurt a. M.: Campus Verlag.
Brafman, O., und R. Brafman. 2008. *Kopflos – Wie unser Bauchgefühl uns in die Irre führt und was wir dagegen tun können*. Frankfurt a. M.: Campus.
Brinker, Klaus. 2010. *Linguistische Textanalyse*. 7. Aufl. Berlin: Erich Schmidt.
Ebeling, K., und M. Gillner. 2014. *Ethik Kompass*. Freiburg i. Br.: Herder.
Malik, Fredmund. 2008. *Die richtige Corporate Governance*. Frankfurt a. M.: Campus.
Malik, Fredmund. 2010. *Richtig denken, wirksam Managen*. Frankfurt a. M.: Campus.
Maucher, Malik. 2012. *Farschtschian: Maucher und Malik über Management*. Frankfurt a. M.: Campus.
McKinsey&Company. 1997. *Planen, Gründen, Wachsen – mit dem professionellen Businessplan zum Erfolg*. 5. Aufl. München: Redline.
Noë, Alva. 2011. *Du bist nicht dein Gehirn – Eine radikale Philosophie des Bewusstseins*. 3. Aufl. München: Piper.

Anhang

Werteliste von Steve Pavlina. Abdruck mit freundlicher Genehmigung von Stefan Schubert

1. Abenteuer
2. Abgeklärtheit
3. Abwechslung
4. Achtsamkeit
5. Aggressivität
6. Ahnung
7. Akribie
8. Aktivität
9. Akzeptanz
10. Albernheit
11. Anerkennung
12. Angemessenheit
13. Angepasstheit
14. Anpassungsfähigkeit
15. Anstand
16. Antrieb
17. Anwendbarkeit
18. Anziehungskraft
19. Aufgeschlossenheit
20. Aufmerksamkeit
21. Aufopferung
22. Aufregung
23. Aufrichtigkeit
24. Ausbildung

25. Ausdauer
26. Ausdrucksfähigkeit
27. Ausgeglichenheit
28. Ausgelassenheit
29. Bedachtsamkeit
30. Beflissenheit
31. Befreiung
32. Begierde
33. Beharrlichkeit
34. Beherrschung
35. Beliebtheit
36. Bereitschaft
37. Bereitwilligkeit
38. Berühmtheit
39. Beschaulichkeit
40. Bescheidenheit
41. Beschränkung
42. Besonnenheit
43. Bestätigung
44. Bewusstheit
45. Bindung
46. Bissigkeit
47. Brauchbarkeit
48. Brillanz
49. Charme
50. Coolness
51. Dankbarkeit
52. Demut
53. Der Beste sein
54. Dienst
55. Direktheit
56. Diskretion
57. Disziplin
58. Dominanz
59. Dreistigkeit
60. Durchsetzungsvermögen
61. Dynamismus
62. Edelmut

Anhang

63. Effektivität
64. Effizienz
65. Ehre
66. Ehrfurcht
67. Ehrgeiz
68. Ehrlichkeit
69. Eifer
70. Eigenständigkeit
71. Einen Unterschied machen
72. Einfachheit
73. Einfallsreichtum
74. Einfluss
75. Einfühlungsvermögen
76. Einheit
77. Einsamkeit
78. Einsicht
79. Einsichtigkeit
80. Einzigartigkeit
81. Ekstase
82. Eleganz
83. Energie
84. Entdeckung
85. Enthusiasmus
86. Entschlossenheit
87. Entspannung
88. Erfahrung
89. Erfindungsgabe
90. Erfolg
91. Erhabenheit
92. Erholung
93. Erkenntnis
94. Ermunterung
95. Ernsthaftigkeit
96. Errungenschaft
97. Erwartung
98. Expertise
99. Extravaganz

100. Extraversion
101. Exzellenz
102. Fairness
103. Familie
104. Faszination
105. Finanzielle Unabhängigkeit
106. Findigkeit
107. Fitness
108. Fleiß
109. Flexibilität
110. Flow
111. Fokus
112. Frechheit
113. Freiheit
114. Freizügigkeit
115. Freude
116. Freundlichkeit
117. Frevelhaftigkeit
118. Frieden
119. Frohmut
120. Frohsinn
121. Frömmigkeit
122. Führung
123. Furchtlosigkeit
124. Gastfreundschaft
125. Geben
126. Gehorsam
127. Gelassenheit
128. Genauigkeit
129. Genügsamkeit
130. Genuss
131. Gerechtigkeit
132. Gerissenheit
133. Geschicklichkeit
134. Geschwindigkeit
135. Gemütlichkeit
136. Geselligkeit
137. Gewandtheit
138. Gewinnen

139. Gewissheit
140. Glanz
141. Glaube
142. Glaubwürdigkeit
143. Glück
144. Glückseligkeit
145. Gnade
146. Großzügigkeit
147. Gründlichkeit
148. Güte
149. Gutmütigkeit
150. Harmonie
151. Hartnäckigkeit
152. Heiligkeit
153. Heimlichkeit
154. Heiterkeit
155. Heldenmut
156. Heldentum
157. Herausforderung
158. Herkunft
159. Herz
160. Herzlichkeit
161. Hilfsbereitschaft
162. Hingabe
163. Hochgefühl
164. Hoffnung
165. Höflichkeit
166. Humor
167. Hygiene
168. Inspiration
169. Integrität
170. Intelligenz
171. Intensität
172. Intimität
173. Introversion
174. Intuition
175. Investierung
176. Jugendlichkeit
177. Kameradschaft

178. Klarheit
179. Klugheit
180. Komfort
181. Kongruenz
182. Können
183. Kontinuität
184. Kontrolle
185. Konzentration
186. Kooperation
187. Korrektheit
188. Kreativität
189. Kühnheit
190. Langlebigkeit
191. Lebendigkeit
192. Lebenskraft
193. Lebhaftigkeit
194. Leidenschaft
195. Leistung
196. Leitung
197. Lernen
198. Liebe
199. Logik
200. Loyalität
201. Macht
202. Mäßigung
203. Milde
204. Mitarbeiterführung
205. Mitbenutzung
206. Mitgefühl
207. Mitwirkung
208. Mode
209. Motivation
210. Mumm
211. Mündigkeit
212. Mut
213. Nächstenliebe
214. Nähe
215. Nerv
216. Neugier

217. Nützlichkeit
218. Offenheit
219. Optimismus
220. Ordnung
221. Ordnungsliebe
222. Organisation
223. Originalität
224. Perfektion
225. Pflicht
226. Phantasie
227. Philanthropie
228. Pietät
229. Potenz
230. Pragmatismus
231. Präsenz
232. Präzision
233. Privatsphäre
234. Proaktiv sein
235. Professionalität
236. Pünktlichkeit
237. Raffinesse
238. Rätselhaftigkeit
239. Realismus
240. Reflexion
241. Reichhaltigkeit
242. Reichtum
243. Reife
244. Reinheit
245. Reinlichkeit
246. Religiosität
247. Respekt
248. Revolution
249. Ruhe
250. Ruhm
251. Sauberkeit
252. Scharfsinn
253. Schlauheit
254. Schönheit
255. Seele

256. Selbstbeherrschung
257. Selbstlosigkeit
258. Selbstvertrauen
259. Seltsamkeit
260. Sensitivität
261. Sexualität
262. Sicheres Auftreten
263. Sicherheit
264. Sieg
265. Signifikanz
266. Sinnlichkeit
267. Sittsamkeit
268. Solidarität
269. Sorgfalt
270. Spannung
271. Sparsamkeit
272. Spaß
273. Spiritualität
274. Spontaneität
275. Sprachkompetenz
276. Stabilität
277. Stärke
278. Stille
279. Strebsamkeit
280. Strenge
281. Struktur
282. Sympathie
283. Synergie
284. Tapferkeit
285. Teamwork
286. Tiefe
287. Traditionalismus
288. Transzendenz
289. Träumen
290. Treue
291. Tugend
292. Überfluss
293. Überlegenheit
294. Überraschung

Anhang

295. Überzeugung
296. Umgänglichkeit
297. Unabhängigkeit
298. Unerschrockenheit
299. Unerschütterlichkeit
300. Unterhaltung
301. Unterstützung
302. Unversehrtheit
303. Unvoreingenommenheit
304. Urteilsfähigkeit
305. Verbindung
306. Verbissenheit
307. Verehrung
308. Vergnügen
309. Vermögen
310. Vernunft
311. Versicherung
312. Verspieltheit
313. Verständnis
314. Vertrauen
315. Vertrauenswürdigkeit
316. Verwegenheit
317. Vielfalt
318. Vision
319. Vitalität
320. Vollendung
321. Vorfreude
322. Vorsatz
323. Wachsamkeit
324. Wachstum
325. Wahrheit
326. Wahrnehmungsvermögen
327. Wärme
328. Weisheit
329. Widerstandsfähigkeit
330. Wildheit
331. Wirtschaft
332. Wissen
333. Wissensdurst

334. Witzigkeit
335. Wohlgefallen
336. Wohlstand
337. Wortgewandtheit
338. Wunder
339. Würde
340. Zeitlosigkeit
341. Zufriedenheit
342. Zugänglichkeit
343. Zugehörigkeit
344. Zuneigung
345. Zuverlässigkeit
346. Zweckmäßigkeit

(www.stevepavlina.de)

The manufacturer's authorised representative in the EU is Springer Nature Customer Service Centre GmbH, Europaplatz 3, 69115 Heidelberg, Germany. If you have any concerns regarding our products, please contact ProductSafety@springernature.com

Printed and bound by CPI Group (UK) Ltd, Croydon, CR0 4YY

23/03/2026

02076740-0003